從記憶力到學習方法，課堂內外的 50 種實用技巧，孩子輕鬆掌握高效學習法

後天學霸

並無天賦差距，只有方法不同

董苓苓 著

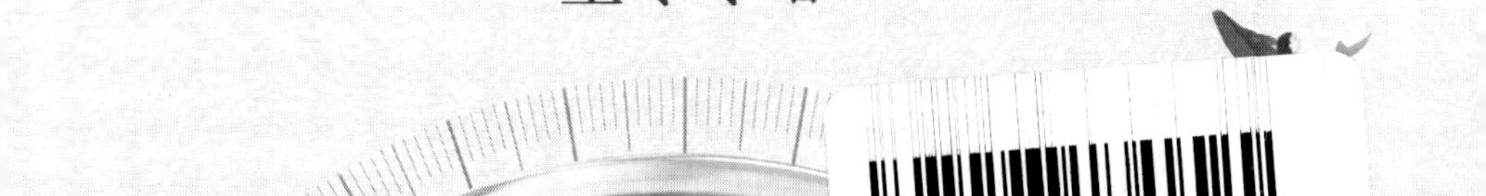

Cultivating Excellence

善用時間 × 過目不忘 × 妙筆生花
解題真相 × 博聞廣記 × 考場福利

課前預習到課後反思，實用技巧讓孩子不再死記硬背
學習有方法！每位孩子都能輕鬆培養出高效學習習慣

目錄

前言

第一章　課堂精靈：「善用」每一個 45 分鐘

　　　　課前預習好，聽課不苦惱 …………………… 012

　　　　選好參考書，成績很突出 …………………… 015

　　　　上課不分神，下筆如有神 …………………… 018

　　　　做好課堂筆記，學習不會吃力 ……………… 022

　　　　學問，學問，不懂之處要敢問 ……………… 025

　　　　知道重點在哪，避免盲目學習 ……………… 027

　　　　做好每次作業，才有滿意的答卷 …………… 029

　　　　課後「過電影」，成績很堅挺 ……………… 034

　　　　階段性檢討，讓學習力進階 ………………… 038

第二章　記憶喚醒：練出來的「過目不忘」

　　　　有效的記憶潛能開發法 ……………………… 042

　　　　理解通透了，記得才夠快 …………………… 046

　　　　放飛聯想，讓記憶插上翅膀 ………………… 049

目錄

善於觀察，記性頂呱呱 ……………………… 052

及時複習，記憶力更新 ……………………… 057

運用卡片法，開啟記憶庫 …………………… 061

照相記憶，實現一目十行 …………………… 065

越是感興趣，記得越深刻 …………………… 069

第三章　成績快升：效率，是學業有成的靈魂

靠時間堆成績，是笨努力 …………………… 074

要知道「最佳用腦時間」 …………………… 077

試一試「交替學習法」 ……………………… 079

學習有計畫，效率提升大 …………………… 082

治一治「頑固拖延症」 ……………………… 087

用好零碎時間，80%考上好學校 …………… 090

不僅要愛學習，還要會學習 ………………… 093

建立錯題集，驟降錯誤率 …………………… 096

玩時盡興玩，學時盡心學 …………………… 100

查缺補漏，溫故而知新 ……………………… 104

第四章　雕文織採：這樣學國文，妙筆能生花

了解課文，輕鬆學好國文 …………………… 110

國文成績好，累積很重要 …………………… 112

學好近義詞，文底才扎實 …………………… 115

精通反義詞，寫作不缺詞 …………………… 117

想要用好成語，先看成語故事 ……………… 119

「大家來找碴」，讓錯字無處可藏 …………… 122

趣味記憶法，把「生字」刻在心裡 …………… 126

一篇好文章，標題是關鍵 …………………… 130

好作文，也可以「仿」出來 …………………… 138

第五章　趣味 ABC：快樂學英文，如同學母語

英文程度好不好，學習氛圍很重要 ………… 144

聽：英文聽明白，學習無障礙 ……………… 147

說：隨時英文交流，口語表達不愁 ………… 149

讀：練習好發音，張口就是倫敦音 ………… 152

寫：挑戰英文寫作，乘上成績快車 ………… 154

別再死記硬背，找訣竅拼高效 ……………… 158

掌握好技法，輕鬆學文法 …………………… 161

隨時隨地都是學習英文的良機 ……………… 163

目 錄

第六章　算術天才：找到解題真相，成為數學王

為什麼計算題總是丟分的重災區？ ……………… 168

方法用對了，算題就不崩潰了 …………………… 172

趣味數學，讓 123 也可以不枯燥 ………………… 178

「題海戰術」對成績幫助並不大 ………………… 180

速解應用題，關鍵在審題 ………………………… 183

做好思維訓練，幾何難題不見 …………………… 185

擴散性思考，讓數學成績起飛 …………………… 188

體驗式學習，讓實踐帶來真知灼見 ……………… 192

第七章　博聞廣記：做全才，才有更好的未來

讓寫出的字，像本人一樣漂亮 …………………… 198

多讀書讀好書，腹有詩書氣自華 ………………… 203

別獨自學習，要善於集思廣益 …………………… 206

請不要排斥老師，我們可以做朋友 ……………… 210

跟隨音樂節奏，美化精神世界 …………………… 214

感知美術魅力，培養高雅審美觀 ………………… 217

成績固然重要，品德培養更必要 ………………… 221

當勞動是種快樂時，生活是美的 ………………… 224

與大自然多一些親密接觸 ………………… 228

讓網路成為益友，而不是損友 ……………… 232

第八章　考場福利：掌握考試祕笈，就是狀元擔當

考前休息好，考試狀態才會好 ……………… 238

出現「考前綜合症」，怎麼辦？ ……………… 240

為何總是答不完，怎樣答題才圓滿 …………… 244

審題有訣竅，我不說你不知道 ……………… 249

答題有先後，一步一步走 …………………… 252

別讓「馬虎」，拉低了分數 ………………… 255

卷面不整潔，丟分多可惜！ ………………… 258

技巧性答題，考出好成績 …………………… 261

結論與反省，快速長知識 …………………… 265

目錄

前言

孩子學習出問題，就是教育方式不到位。

從事多年教育工作，我聽過太多的家長說：「我家孩子笨，還請老師多多點化。」每每此時，我都會憂心忡忡，然後推心置腹地開導家長：「沒有笨孩子，孩子成績不好，笨的是我們。」因為作為教師，我明白：

孩子不會學，才導致學不會！

孩子學不會，才導致成績差！

── 這才是問題的根源所在。

我一直堅信，世上沒有笨孩子，只有笨的學習方法。學習有一定的方法可循，優秀的老師和合格的家長，不僅要教會孩子知識，更要教會孩子好的學習方法。那麼，什麼樣的學習方法才可稱之為「好」？其實很簡單 ── 把學習變成一件快樂的事情。

學習本來就應該是快樂的！

很多人成年以後，才開始自發地重新學習。直到這時，大家才切身地體會到學習的重要性以及興趣所在。也許，是因為長大以後，不再被父母和老師「強迫」學習了，被壓抑的求知欲漸漸甦醒。如果是這樣，不得不說，這是教育的失敗。

前言

　　我們成年人正因為懂得了學習的重要性和樂趣，才更應該把它們傳遞給孩子。

　　所以說，想要孩子「好好學習」，首先就要消除他們對學習的誤解，消除「被迫學習」的感受，要把他們對學習的負面標籤全部撕掉，如此一來，學習就會逐漸成為一件快樂的事情。把這種「快樂學習」的理念傳遞給孩子，正是老師和家長的責任。

　　為此，自從事教學工作開始，我一直潛心研究適合孩子的學習方法，在日常授課之餘，我也時常關注大腦潛能開發、心理學、思維學之類的書籍。經過多年的實務與研究，透過對那些高材生的回顧與整理推論，我終於提煉出一套有助於提升孩子學習成績的好方法。現在，我把它分享給大家。

　　這本書，是我作為一名教師對於孩子的傾力幫助，也是為家長們提供的、成功培養孩子自發學習和進入理想大學的方法。我可以很自信地說，它一定能夠教會孩子如何快樂地學習、自信地學習，實現家長不逼迫、不催促，孩子主動學習的快樂學習情境。本書取材於日常教學實踐，因而實作性很強，每個家庭都適用。

第一章　課堂精靈：
「善用」每一個 45 分鐘

　　孩子獲取知識的根本途徑是聽講。每天 6 節課，每節課 45 分鐘，一天下來，孩子吸收知識的能力，對學習來說至關重要。孩子如果不會聽講，1 年下來會有什麼差別呢？6 年呢？12 年呢……日積月累，孩子與其他同學的差距就天差地別。所以，提高孩子的聽講能力非常重要。

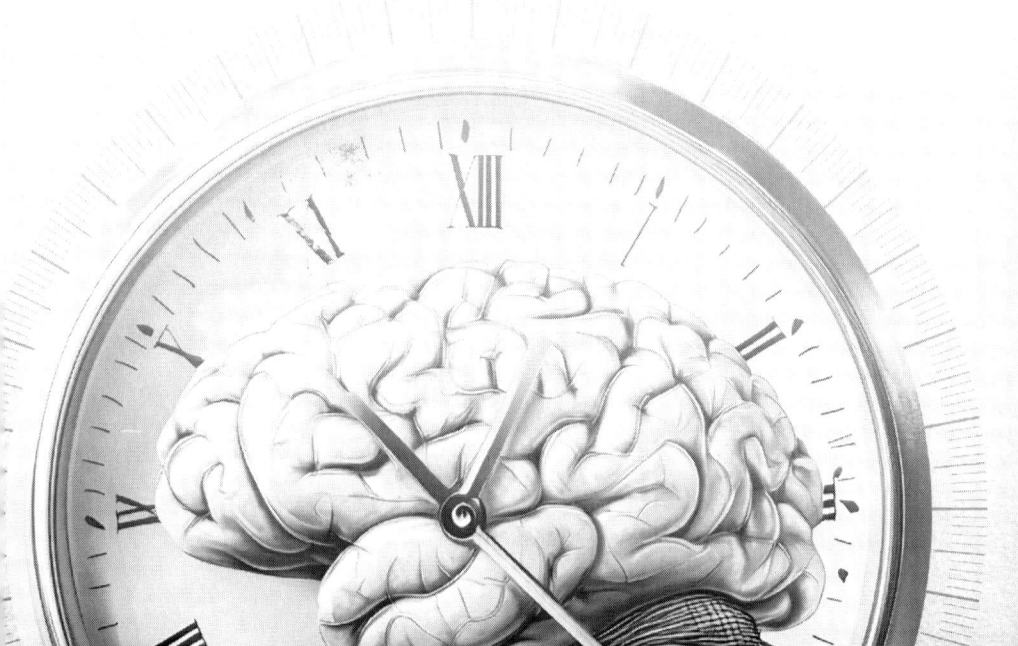

第一章　課堂精靈：「善用」每一個 45 分鐘

課前預習好，聽課不苦惱

　　一直以來，我有個習慣從未改過，那就是每次下課後，都會要求學生回家預習明天上課時需要學習的新知識。因為，一節課只有 45 分鐘，想要在 45 分鐘內完全了解老師所講的每一個知識點，這絕對是困難的。但是，如果有課前預習的好習慣，那麼了解的學習重點絕對比沒有預習的同學多得多。

　　自從升上四年級以後，我的學生李浩然（化名）就覺得學習越來越力不從心，因為他總是記不住老師在課堂上所講的內容，對課本上的知識也是一知半解。他很疑惑，明明上課認真聽講，作業也仔細完成，複習量也很足夠，怎麼就是學不好呢？後來，他將自己的困惑告訴了我，希望從我這裡能得到一些幫助。

　　詢問了李浩然的學習過程，我發現他並沒有按照我的要求養成課前預習的習慣。要知道，課前不預習，那就發現不了問題，更別談認真思考了。長久下去，學習中就會累積許多沒有消化的難題。到了四年級，學習的知識重點越來越多了，難度也加大了，再加上以前學習沒有打好基礎，學習時自然會感到力不從心。

　　後來，我再三督促李浩然每次上新課程之前要先預習，以前留下來的難題要及時查缺補漏。漸漸地，李浩然的成績提高了，學習變得越來越輕鬆。

俗話說得好:「凡事豫則立,不豫則廢。」這說的是,每一件成功的事都因為有準備,而不成功則是沒有準備,或準備不足。可見,「準備」對事件的成敗有很關鍵的作用。我們將這句話放在學習之中也一樣。不過,許多學生和李浩然一樣,多半認為課前預習是沒有必要的,因為老師上課時會講,到時候專心聽講就可以了。那麼,預習真的沒有用嗎?當然不是,下面我就來說說預習的好處。

(一)預習可以提高聽課效率。當我們預習時,會將書中的知識大致了解一番,並能清楚地知道哪些是自己明白的,哪些是不明白的。帶著這些疑點和重點,針對性地去聽課,那麼聽課效率和學習效率就會事半功倍。反之,如果課前沒有預習,那麼對書本上的知識會很陌生,思維跟不上老師的節奏,學習效率就會低下。

(二)預習能幫助我們更好地做課堂筆記。當我們沒有預習時,會盲目地記錄課堂筆記,以至於老師講什麼就寫什麼,顧不上聽課。如果預習了,我們對知識有了初步的印象,記筆記時就會有針對性,專門記那些書本上沒有的、老師補充的知識,以及預習時的重點及難點,思維也能跟上老師的節奏。

(三)預習可以培養一個學生的自學能力。當我們預習時,會獨立閱讀,獨立思考,發現問題後,會用自己的方式去解決問題。這一個過程都是在自學,隨著預習的次數越來越多,自學能力也會越來越高。

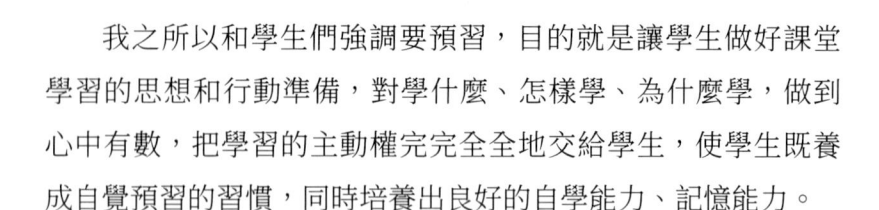

第一章　課堂精靈：「善用」每一個 45 分鐘

　　我之所以和學生們強調要預習，目的就是讓學生做好課堂學習的思想和行動準備，對學什麼、怎樣學、為什麼學，做到心中有數，把學習的主動權完完全全地交給學生，使學生既養成自覺預習的習慣，同時培養出良好的自學能力、記憶能力。

　　如何將課堂預習真正地落實下去呢？在我看來，很多事情都需要循序漸進地去做，預習也是一樣，也要有個程序，循序漸進，否則效果就不好。掌握了科學預習的方法，不僅能加快預習速度，而且也能提高課堂學習效率。這就需要我們老師和家長一起努力，給孩子提供一些有效的好方法。

一、選擇好預習的時間

　　一般來說，預習時間安排在當天寫完作業之後，根據剩餘的學習時間作安排。如果時間多，可以將下節課要學的內容完整地看一遍，大致了解課本中的知識要點，迅速掌握背景知識、抓住主題。如果時間少，可以把預習時間用在自己較為薄弱、或是重點的學科上。哪些是單元的重點、難點，一定要做到心中有數。

二、閱讀與思考雙管齊下

　　在預習的時候，首先可以瀏覽一遍課本，了解課本的主要內容，清楚哪些是自己明白的，哪些是自己不明白的。然後帶著這些疑難點進行二次閱讀。這個時候，可以將閱讀的速度放慢些，遇到不懂的問題時，可以查閱參考書，或是翻看以前學

過的內容，想方設法靠自己的努力解決難點。如果實在是遇到了克服不了的問題，那麼先記下來，等隔天在課堂上了解，或是直接詢問老師或同學。

三、預習筆記不能少

大部分人認為筆記是在課堂上記的，其實預習時也可以記筆記，因為發現問題是預習的關鍵。這裡的筆記有兩種：一種是寫在書上，一種是整理在筆記本上。在書上做筆記時，主要以「圈」、「點」、「勾」、「劃」為主，將教材中的段落、要點、生僻的字詞句、疑難點等標出。同時，也可以在書本的空白處做標註，寫一寫自己的看法與體會。當然，存在的疑難點要特別標註。在筆記本上做筆記時，主要是整理教材上重難點的抄錄和心得體會，其次將遇到的問題寫下來，等隔天課堂上詢問了解。

選好參考書，成績很突出

我的一個朋友與妻子常年在國外工作，所以不得不將孩子留給爺爺奶奶照顧。有一天，朋友給我打了電話，主要說他們的孩子成績忽然下降了許多，而爺爺奶奶不清楚原因，他們夫妻一時半會兒也回不來，所以希望我能幫助一下他們的孩子，找出影響他成績的原因。我欣然答應，隔天就去了朋友家。

第一章　課堂精靈：「善用」每一個 45 分鐘

朋友的孩子叫奇奇，今年上小學六年級，個性活潑，十分有禮貌。當我說明自己的來意時，孩子立刻將我拉去他的小書房，告訴我這段時間他也很煩惱，想盡快找出拖累他成績的罪魁禍首。於是，我認認真真地看了一下奇奇的書桌，發現寬敞的桌子上竟然擺滿了參考書，這其中有三本數學參考書、兩本英文參考書、兩本國文參考書和一本作文書。

我很好奇地問奇奇，怎麼買這麼多參考書？奇奇說快要小學升國中了，他想在這個過程中取得一個好成績，所以買這麼多書回來看。

不可否認，孩子的出發點是好的，但關鍵是這些參考書他都仔仔細細看完了嗎？答案是，當然沒有！因為，這些參考書零零散散地勾畫著一些內容，上面有不少習題都是空著的。我又翻看孩子的課本，發現課本上乾乾淨淨，沒有留下一點筆記的痕跡。我隨口問了奇奇幾道課本上的問題，結果都沒回答出來。

毫無疑問，導致奇奇成績下降的罪魁禍首就是這些琳瑯滿目的參考書。

為什麼這麼說呢？在小學階段，考試的絕大多數內容都來自書本，奇奇書本上的知識都沒有完全了解，成績怎麼可能會好？而且，奇奇選擇的參考書他都沒有看到重點上。比如國文，兩本參考書中的重點及難點都不同，標示出的知識要點也不一樣，這樣沒有選擇性地去看，只會讓自己對課文的了解變得更為雜亂。

後來，我給奇奇的建議是，首先要將書本上的知識弄懂，打好基本功，然後每門學科只需要留一本適合的參考書就行。就這樣，奇奇堅持了一個多月，之後再考試，成績果然就上升了。

曾經有人形象地把學生們學習的課本比作人體的骨骼，而參考書則是人體的血肉。由此可見，參考書很重要，它是學習時不可缺少的好助手，尤其是在預習和複習功課時，它可以將學生所學的知識延伸一個層次。可是，市場上的參考書數不勝數，這其中有的是精華，有的卻是糟粕，所以要精心挑選，「取其精華去其糟粕」。買書時，最好一門課選擇一本，不能像奇奇一樣，買多了並沒有多大好處。

選擇一本好的參考書往往可以令學習事半功倍，避免走很多的彎路。孩子們在選擇參考書時，家長們可以把關一下。為此，我整理了幾個要點：

一、參考書要新

我這裡的「新」並不是指書的外觀新穎，而是指出版日期。如果它是好幾年前出版的，那麼我不建議購買，因為教材的知識會不斷更新，一些舊書當中的題目比較舊了，缺乏創新，而新編的參考書裡面一般都是新題型和從舊書中提煉出的典型、熱門的題型。新參考書的價值比舊參考書的價值大。

第一章　課堂精靈：「善用」每一個 45 分鐘

二、選擇名師作品

現在的參考書封面上都會有「名師」二字。究竟是不是名師？這裡面差異可就大了。所以，在挑選之前，家長們不妨先上網查一查該「名師」的資歷，或是問一問自己孩子的老師。

三、選當前需要的書

選擇參考書一定要對症下藥，要選當前需要的書。比如小學國文，參考書當中要有這麼幾個點：課文作者簡介、課文疑難要點解析與延伸、好句型好段落的賞析、生詞注音與解析、課後檢討、課後習題，等等。家長們要提醒孩子檢討一下自己最近的學習狀況，明確自己的欠缺點、薄弱點，然後買適合自己的書，切不可跟風購買。

重要提示：參考書買回來後一定要用，不可以只是將它當成一件擺設哦！

上課不分神，下筆如有神

我的班上有一個叫做王宇軒（化名）的學生，每次上課時他都會走神或分心，似乎外界的一點動靜都會引起他的注意。比如窗外掉下一片樹葉，他會扭過頭去看；教室外有腳步聲時，

他也會不由自主地聞聲望去；隔壁同學開啟文具盒時，他的視線也會被吸引過去。當發現王宇軒發呆時，我會立即提醒，一經提醒，王宇軒才會集中精神。

這次期中考試後，王宇軒的成績明顯的下降了不少，於是我認真地和他談了一次話。

「這段時間我發現你上課狀態不太好，是遇到什麼問題了嗎」？我問道。

「老師，我自己也不明白」，王宇軒低著頭，小聲地回答道，「課堂上，我明明在認認真真地聽老師講課，可是每次剛聽幾分鐘，腦子裡就會出現其他東西，比如卡通片、漫畫書。每一次聽不進課的時候，我就覺得時間又慢又長，只有想一想那些開心的事情，時間才會過得比較快」。

當我將王宇軒的情況反映給他的媽媽，並指出上課走神已經嚴重到影響他的學習成績時，王媽媽對此也是感到無奈：「其實不只在課堂上，我發現，他連寫作業、考試也會走神。比如看一道題目，往往他都是來來回回審題好幾遍才能讀得懂。我跟他說了好多次，不能分心，可是他就是改不了」。

王宇軒同學的情況並不是個案，很多孩子上課都有走神的問題。主要的表現為：上課不能長時間專心聽講，常常走神，開小差，跟不上老師的思路；稍有動靜就東張西望；被老師叫起來複述所講的內容時，會顯得語無倫次；甚至記不全或記不住老師口頭安排的作業……

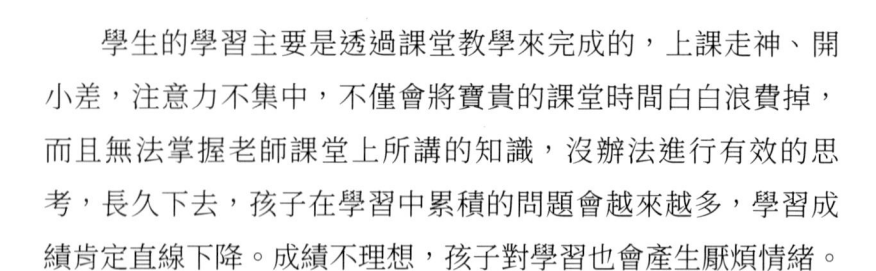

第一章　課堂精靈：「善用」每一個45分鐘

學生的學習主要是透過課堂教學來完成的，上課走神、開小差，注意力不集中，不僅會將寶貴的課堂時間白白浪費掉，而且無法掌握老師課堂上所講的知識，沒辦法進行有效的思考，長久下去，孩子在學習中累積的問題會越來越多，學習成績肯定直線下降。成績不理想，孩子對學習也會產生厭煩情緒。

因此，當孩子有上課愛走神的問題時，一定要及時糾正。對此，我給出幾個建議：

一、調整上課坐姿

我發現愛走神的學生通常坐姿也是不對的，他們或是用手支撐著下巴，或是趴在桌子上，或是身子歪歪扭扭。這樣的姿勢坐久了，精神就會放鬆，很容易出現昏昏欲睡的情況。因此，我在上課時首先就是讓學生們調整坐姿，要做到「坐如鐘」，意思就是將身子坐直，端正得如大鐘一樣。當我們身子坐正時，身體的肌肉會處在緊張的狀態，大腦也處在興奮當中。同時，胸腔的開啟有利於更多的氧氣進入肺中，使得大腦處於清醒狀態，這樣自然就不容易分神了。所以，當孩子們放學回家趴在桌子上寫作業時，父母一定要提醒孩子注意坐姿，以此養成良好的習慣。

二、思路跟著老師走

老師上課時，學生的眼睛不僅要追隨老師的身影，耳朵也要聽老師講課的內容。同時，最好準備一個小本子，將老師所

講的重點記錄下來。另外，還要與老師互動。比如老師提出問題時，我們要積極去回答，或是遇到不懂的問題時，要勇於提問。只有時刻追隨著老師的講課節奏，「走神」才不會乘虛而入。

我發現，對於那些成績優秀的孩子而言，即使有個別老師課講得並不那麼生動，他們也照樣能夠自我約束，一邊聽，一邊想，一邊記筆記，不讓思想開小差，跟著老師的思路走，有時還會在老師講話的間隙，小聲把老師講的內容重複一遍。這樣，別人容易忽略的知識點他們往往就能掌握到，考試時就容易得高分。

三、學會自我暗示

有的學生上課時精力不集中，往往與內、外環境的干擾有關。比如心情低落、課堂紀律混亂、書桌雜亂、老師講課內容抽象⋯⋯這些都會干擾孩子課堂上聽講的注意力，導致孩子出現思想開小差的問題。面對這樣的情況，我則會教學生們學會自我暗示，培養「亂中求靜」的本領，進而排除一切干擾。

比如，當發現自己在走神時，第一時間不是繼續放縱自己走神，而是要立刻回神。為了暗示自己，我建議這類學生可以從一些小細節入手，比如在課桌、文具盒、筆記本、課本等看得見的東西上貼上一些寫有「專心聽課」、「不要開小差」、「集中注意力」等字樣的小字條，以此提醒自己集中注意力。

除了以上幾點外，生活中的一些習慣也可以提高聽課時的

第一章　課堂精靈：「善用」每一個45分鐘

注意力，比如早睡早起、下課後洗把臉刺激一下腦神經、中午好好午睡，等等。

做好課堂筆記，學習不會吃力

每一位家長都有學生時代，而學生都會有這樣一種體會：如果上課時做了筆記，那麼就會學得深，記憶深刻。可是如果沒有做筆記，一轉眼的工夫就會遺忘。這是為什麼呢？原來，當我們記筆記時，眼、腦、手都在動，這不僅能集中注意力聽講，而且聽講的內容也會儲存在大腦中。課後，再透過複習鞏固學過的知識。

所以，為了保證孩子們在課堂上有一個良好的學習效率，家長與老師要雙管齊下，一定要提醒他們上課時勤做筆記。

我曾經教過一個學生，他的學習成績十分優異，在升學的考試中，取得了全市第一名的好成績。在和同學們討論學習方法與心得體會時，他最強調的一點就是要養成上課認真做筆記的習慣，因為這能夠提高聽課的效率。光是在小學的六年期間，他就做了36本筆記，每一本筆記都記得工工整整，條理清晰。

好的課堂筆記，讓人能一眼看出哪些是重點及難點，哪些是他在學習中遇到的難題。然而，我也看過一些「品質差」的筆

記，要麼是零零星星地記錄著無關緊要的內容，要麼是鉅細靡遺地全部記了下來，有些甚至混亂得連自己也看不清楚。這樣一來，自然也就沒什麼效果了。

所以，對於課堂筆記這一項我有以下幾點建議：

一、一科一筆記

在小學階段，孩子們主要學習國文、數學、英文三門學科，每一門學科的內容差異很大，即使是同一學科，不同階段的學習任務也各不相同。因此，每個學科最好單獨準備一個筆記本，如果幾門學科共用一個筆記本，也應當各占一部分，並在筆記本的目錄裡註明，層次要分明。最方便適用的方法就是直接將課堂筆記寫在課本上，比如空白頁，或者段落之間的空隙等等，都可以用來做筆記。這樣，方便記憶和複習時使用。

二、要條理清晰

做筆記不是寫散文，而是像寫一篇說明文，這裡強調的就是邏輯。在做課堂筆記時，一定要有條有理，層次分明，讓人一目了然。這裡的層次分明體現在兩個方面，一個是聽課時的內容，一個是書寫時的格式。

例如，不同的問題要分段寫，問題之間或者問題上、下底邊或是兩側要留空白，標清頁碼，以便以後能補記遺漏的知識

第一章　課堂精靈：「善用」每一個 45 分鐘

點和新增的知識點；如有重要的概念、原理、論點、論據、公式等應該是各占一行，關鍵詞和非關鍵詞也應當盡可能用不同的字型或不同的顏色書寫；一些數字、符號、字母等書寫時要規範，格式要統一。

三、不必鉅細靡遺

課堂筆記不必鉅細靡遺，一節課只有 45 分鐘，學生要一邊做筆記，一邊聽老師講解，所以根本沒有時間將老師所講的每一句話都記下來，而且也沒有必要。因此，應教導孩子選擇重要的、關鍵的內容來記錄，比如重點及難點。

什麼是課堂上的重點與難點？重點就是老師反覆強調或者要求大家記錄下來的內容，比如老師上課時經常會說「這個很重要」、「這個要記下來」、「還有沒有同學不懂的」等這樣一類的話，或是講一個知識點時重複說上好幾遍。這個時候就該有記筆記的意識。至於難點，它是指學生沒有弄懂或具有難度性的內容。比如每節課老師都會講例題，我們不需要記簡單的且自己會做的，應該記難的且自己沒有弄懂的。記筆記是聽課的重要環節，先做好筆記，才有資本去提高學習效率和學習成績。重要的是要持之以恆，養成習慣，而不是高興就做，不高興就不做。因此，家長們要多多鼓勵孩子勤做筆記。

學問，學問，不懂之處要敢問

在我一生的教學生涯中，做得最不如人意的事情，大概就要算自己的學生不善提問。在課堂上，有些學生總處於被動狀態中，老師說什麼就是什麼，對自己所接觸的知識，全都一股腦子地接收。他們從來不提問，甚至是一節課下來不說一句話，安安靜靜地坐在座位上。即便是遇到不明白的地方，也不開金口。

學生沒有疑問，一般看來是聽懂了課堂內容，按說這應該算是一件好事，但問題是，這些孩子並不是真的懂，不僅思路上難以跟上老師的節奏，而且對知識的應用能力也較差。久而久之，不懂的問題越來越多，學習效率也越來越低下，考試又怎麼能考好呢？所以，我經常和學生們強調一句話——學問，學問，不懂就要問。

明確地說，誰都會在聽課時碰到聽不明白或一知半解的地方，這是很正常的現象，而課堂是我們發現並解決問題的地方，所以學生不能羞於開口，而是要養成勤學好問的好習慣。

提問是積極思考的表徵，創新是思想的起點，善於發現問題，勇於提出問題，才是學習成功的關鍵。在教學中我發現，那些問題越多的學生，他的思想越活躍，創造性越高，成就也更不可限量。就像著名的哲學家維根斯坦，他在上課的時候總是一臉迷茫的神色，只要老師詢問誰還有不懂的問題時，他總是

第一章　課堂精靈：「善用」每一個 45 分鐘

第一個舉手,並且會問一大堆問題。

那麼,該怎麼養成孩子課堂上積極提問的好習慣呢?

一、培養孩子的提問意識

通常來說,人的年紀越小,思想就越活躍,會對周圍的人、物、事產生許多的疑問。所以,在日常生活中,老師和家長要隨時隨地培養孩子提問的意識。當孩子提問時,我們要給予耐心的回答。只有在平時,讓孩子養成善於提問的習慣,他在課堂上才會勇於、樂於舉手提問。

比如,當我們帶著孩子去動物園時,你可以詢問孩子「孔雀為什麼會開屏呀」、「大熊貓為什麼喜歡吃竹子」,等等,也可以給孩子設定出提問的場景,像做一場小蘇打與醋混合後會怎樣的實驗,當孩子看到醋裡面冒出許多氣泡時,會不自覺地詢問「這些氣泡是怎麼來的」、「小蘇打和醋混合後產生的氣體又是什麼氣體」等問題。久而久之,當孩子遇到不解的問題時,他便會不由自主地詢問。

二、先思考再詢問

課堂上提問並不是一遇到問題就請教老師,這種提問方式不僅沒有益處,反而會培養出懶於思考的陋習。真正的提問應該是在問之前要先動腦筋想一想,帶著疑問去問問題。

所以，我通常鼓勵我的學生要積極提問，同時也會告訴他們，課堂上遇到問題時，要先獨立思考尋求答案。當思考後還不明白、不理解，或者找不到滿意的答案時，再舉手問老師也不遲。這樣一來，孩子不但會對疑難問題留下深刻的印象，而且對得到的答案也會銘記於心。經過動腦思考之後，今後遇到同類問題時考慮得會更全面，學習成績自然也就提高了。

　　課堂不僅是老師的，更是學生的，從產生疑問到得到答案，這是一個良性互動的過程，也是掌握知識的必要途徑。只有如此，學習成績才會上升。

知道重點在哪，避免盲目學習

　　學生學習知識的根本途徑就是聽課，想要學得好，學得輕鬆，就要努力聽好每一節課，抓住每節課的重難點。如何抓住課堂上的重點與難點呢？「抓牛鼻子」就是一個具體的比喻。放牛的牧童和耕田的農夫都知道，牛有野性，而牛鼻子是牛身上最脆弱、最怕痛的地方。當牛野性發作時，牽住牛鼻子牠就不會反抗。

　　那麼，課堂上的重點與難點在哪？

　　一般來說，老師和學生認為的重點與難點是不同的。

　　對老師而言，每節課的開頭與結尾是重點及難點。每節課

第一章　課堂精靈：「善用」每一個 45 分鐘

開始時，老師總會拿出幾分鐘的時間將上節課的主要內容再次強調。有時是老師自己講解，有時是提出問題，然後根據學生回答的情況來評估上一節學得如何，並提出應該注意的部分。注意，這其實就是重點。此外，每節課快結束時，老師會做一個總整理，這也是重點，學生應該仔細聽。雖然每節課的開頭和結尾只有短短幾分鐘，但卻凝聚著老師多年的教學結晶，十分重要。

在講課過程中，老師往往會用話語來提示重點與難點，比如「這一點很重要」、「這是個常見的錯誤」、「不要將這個弄混淆」、「這裡需要註記一下」，等等，往往這是老師在向學生們提示哪些是重點。此外，老師花很長時間詳細地講一個知識要點時，毫無疑問，那也是重點。學生一定要認真地聽，認真地去思考。

每一節課中，老師都會提問，提出的問題所運用到的知識內容也是重點。對此，學生應該積極地結合新知識去回答。

每一個老師都會在黑板上寫板書，這些寫在黑板上的知識不僅重要，而且還是每一節課的綱領。所以在平時的教學工作中，我除了提醒學生們要認真聽課，同時，也會要求他們及時做好筆記，以便於複習。另外，老師重複講述的都是重點中的重點，這是絕對不能忽視的，千萬不能不耐煩。

抓了老師講課的重點後，我們再來找一找學生聽課的重點。

一般來說，老師在上課時為了照顧每一個學生，會以學習

成績中等和中下等的學生的理解能力為主。因此，同學們在聽課時要根據老師的思路以及自身的情況來聽課，看看自己有哪些問題，老師所講的內容哪些對自己重要，等等。比如基礎好的學生，主要精力應該放在規律性的知識和老師的學習方法、解題思路上，而那些常規性的知識，只需認真聽講即可。如果學生已經完全清楚了，可以將精力放在沒有弄明白或是更深一步的問題上。當然，前提是學生對自己的學習水準有一個正確的評估，千萬不可眼高手低，顧此失彼。

此外，我在這裡還要再三強調一下。上新課程之前，家長們一定要督促孩子主動地、認真地預習。預習中碰到的難題與疑點就是孩子聽課時的重點、難點，這樣在聽老師講課時，孩子就可以將重心放在那些還不懂的問題上。將不懂的問題弄清楚了，將每一個知識點都掌握了，如此還愁孩子考不出好成績嗎？

做好每次作業，才有滿意的答卷

在學校學完一天的課程，回到家後還要做作業，這是每一個學生的學習狀態。面對作業，我發現不同的學生有不同的表現，比如有的學生欣然接受，認真完成；有的學生則抱怨連連，草草寫完；有的則不假思索，全部照搬別人的內容。當然，這些不同的表現也帶來了不同的影響、不同的學習成績。

第一章　課堂精靈：「善用」每一個 45 分鐘

在寫作業這件事上，我的兒子挑戰過我的「權威」。

記得有一年暑假，每天吃完午飯後，兒子都會帶著作業本出門。問他去做什麼，他就說去同學家一起寫作業。我心裡認同他的這種行為，因為一個人寫作業還真沒什麼學習氣氛，兩個人一起寫則會有相互監督、相互促進的作用。至於兒子作業完成的品質，除了字跡歪扭外，正確率倒是挺高。就這樣，暑期過了一半，兒子天天都會去同學家。

有一天，兒子的外祖父來家中做客，兒子帶著作業本急急忙忙地出門。外祖父匆匆看了一眼出門的孩子後，就問我孩子怎麼曬得那麼黑。可能是我天天與兒子見面，所以沒有發現他膚色的變化。不過，外祖父的話倒是提醒了我，兒子和他的同學就住在同一個社區，幾分鐘的路程也不至於將人曬黑，而且寫作業都是在室內進行的，那就更接觸不到太陽。除非，他每天都長時間地暴露在太陽下。我越想越不對勁，這天便跟著兒子出了門。

起初，兒子確實去了同學家，可是沒過幾分鐘，他便帶著兩本作業本，夾著一個籃球，與同學邊走邊笑地去了籃球場。如我料想的那般，孩子打球打累了，就坐在空地上抄作業。直到太陽快落山了，才慢條斯理地回家。這下我算是清楚了，作業本上的字歪歪扭扭的，是因為坐在地上寫的緣故。更讓我生氣的是，他居然為了玩而去抄同學的作業，甚至欺騙父母。不過我並沒有立刻責罵他，而是繼續裝作不知道。

等隔天兒子出門後,我出題給他,卷子上的題目全都是抄錄他作業本上一些比較難的,但答案正確的題目。兒子回來後,我將卷子拿給他做。毫無意外,卷子有一半的題目都做錯了。當我詢問他為何作業本上能做出來,可是到卷子上卻做不出來時,他就老實招了,並承認了錯誤。我非常嚴厲地責罵了兒子一頓,表示對這種行為非常生氣、非常失望,好在兒子也意識到抄作業的壞處,就把之前抄的答案全都擦掉了,然後認認真真地重寫了一遍,遇到實在不會寫的,也會來請教我。

之後,每天監督兒子寫作業,定期進行小測驗,成為我們家必須遵守的規定。

為什麼我會對兒子的作業這麼看重?因為我知道,安排家庭作業是教學的一個重要組成部分,也是老師獲得教學回饋資訊的重要手段。透過作業的完成情況,老師可以了解自我教學的效果,也能了解學生對課堂知識點掌握的程度,明白學生眼中的難點和弱點。另外,在批改作業時,老師還可以了解學生完成作業的態度,進而了解他們對學習的態度。透過這些資訊,老師能夠及時調整對學生有益的教學方法和教學重點,幫助學生更好地學習,取得理想的成績,這是一個不可缺少的環節。

對於學生來說,寫作業也好處多多。比如,每次作業都是課堂上知識點的概括,寫作業能強化學生的學習技巧和鞏固所學的知識。在寫作業的過程中,我們會輕鬆地發現學習上的薄弱環節,明白哪些知識點是自己沒有掌握的,這時候可以請教老師、

第一章　課堂精靈:「善用」每一個 45 分鐘

家長或同學,進而去彌補,提高學習的效率。同時,寫家庭作業是一種自主學習能力,在寫的過程中常常會舉一反三,如此便能學習到新的知識,掌握新的方法,加強對知識點的理解。

鑑於以上的種種觀點,我強調,讓孩子養成「把作業當成考試」的習慣,把每一次作業都當作一次模擬考試來對待,考試有什麼樣的要求,做作業時就應當有什麼樣的要求。平時把作業做得又快又好,考試時成績才能提高。

那麼,如何培養孩子一次作業如一次考試的心態呢?

一、預備工作要做好

既然要將作業當成考試,那麼就要按照考試的要求去做。比如考試的過程當中,學生一般都不會離開考場,所以寫作業時,我們也盡量讓孩子不離開座椅;考試時,學生不允許翻閱參考資料,所以孩子的作業也要獨立完成。為了做到這一點,在寫作業之前,我建議讓孩子將當天所學的知識點複習一遍,等對學習的內容有了充分的掌握後,再動手寫作業。等作業寫完後,再讓孩子查閱參考資料,解決遇到的難題。

二、審題環節不可少

不管是考試,還是寫作業,首要環節就是審題。可是有很多學生沒有審題的習慣,常常都是拿到題目就開始做。其實,這種做法是錯誤的,這不僅會導致做題速度慢,還容易出錯,

完成效率也低。因此，應建議孩子在寫作業時，要先將題目審閱兩、三遍，剖析題目，抓住題目中暗藏的知識點，然後再去解題。

三、獨立思考很重要

寫作業時，我建議孩子能一鼓作氣地寫完，盡量不要因為暫時的思路不通而去翻書或看筆記。遇到難題時，要學會獨立思考，嘗試從不同的角度去思考，看看自己究竟能將題目解決到什麼程度。經過獨立思考，知識點才會牢牢地扎根於腦中，長久不會忘記，同時也能增強自己的邏輯推理能力，靈活地運用知識點。

四、做完後認真檢查

有些孩子經常為考試時的丟分情況懊惱，明明是一道很簡單的題目居然做錯了，其實並不是不會做，而是因為馬虎所導致的。所以，不管是考試，還是寫作業，每當完成後，都需要認真檢查，提高正確率。怎麼去檢查？首先檢查解題的過程、解題的思路以及概念的使用，其次檢查計算和思考是否有失誤，等等。

學習是件一絲不苟的事情，只有認真對待，才能取得滿意的效果。而寫作業是學習過程中必不可少的一個環節，更是檢閱學習效果的手段。一次作業，一次考試，認真對待，必有收穫。

第一章 課堂精靈:「善用」每一個 45 分鐘

課後「過電影」,成績很堅挺

一位教育專家曾經做過這樣一個具體的比喻:課後不進行小結就猶如把水潑到篩子裡一樣。有不少學生往往急於完成書面作業,而忽視了課後整理,老師講過的新課哪些地方懂了,哪些地方還不懂,哪些內容記住了,哪些內容還沒有記住,都是模模糊糊的。在這種情況之下,只能是一邊翻書,一邊做作業。

這種做法非常不可取,不但會花費太多時間,而且作業品質也不好。對於這種情形,我的建議是,課後不要急於做作業,先把課堂知識像「過電影」一樣複習一遍。

原因很容易理解,我簡單列舉如下:

對於小學生來說,學習知識的主要管道來自於老師的講授。往往不是自己實踐得來的知識,印象都不深刻,再加上每天要上許多堂的課,所學的知識也很多,這就導致有很多知識如果不去及時鞏固的話,很快就會遺忘。因此,我們必須透過重溫當天老師上課的內容來鞏固學過的知識。

一節課只有 45 分鐘,老師卻要講解許多知識,這就導致講課時間短,進度快,加上每個學生的學習基礎、學習能力有所不同,對知識的理解也會出現差異,可能有的學生理解深一點,有的理解淺一點,有的甚至完全不能理解。但是透過複習,就能研究與思考那些不懂或一知半解的問題,研究得多了,思考得多

了，總會對知識有進一步的理解。如此，才能記得更牢，掌握得更好，運用得更靈活。

在前面我說過，學習需要查缺補漏，解決沒有理解的難題，課堂知識更該如此。在上課中，學生總會遇到這樣一些情況，比如老師講解的知識沒有聽清楚，筆記沒有記完整，問題沒有搞懂等等，如果不去複習的話，那麼這些問題就會一直存在，成為拖累成績的毒瘤。只有透過複習，才能發現學習漏洞，然後再去彌補。

另外，每一門學科都是一個完整的系統，那些概念和原理被劃分成章與節。不過，知識本身都是相互連繫、相互貫通的，只要及時地回憶課堂內容，將平時學的點點滴滴融會貫通，就能了解知識系統的全貌。如果前一天的知識沒有弄明白，不僅影響當天家庭作業的完成，而且也會影響之後教授新知識的學習，影響聽課效率。

俗話說「今日事今日畢」，要想達到對知識和方法的整體掌握，就必須對每堂課進行即時回顧和知識梳理。因此，家長們可以讓孩子按以下幾個步驟來進行：

一、回憶課堂內容

在複習前，不要急著讓孩子去看書，應該讓孩子先沉下心，回憶一下老師在課堂上所講的知識。比如，老師今天都講了哪些問題和重點？老師又是怎麼去分析和解決那些重點與難點

第一章　課堂精靈：「善用」每一個45分鐘

的？哪些問題是自己還沒有弄懂或一知半解的？如果孩子能回憶全部或大部分的課堂內容，那說明聽課效率還不錯，可是如果回憶得「二二六六」，那麼就要考慮一下孩子的聽課效率了。

透過回憶，一來可以檢查當天的聽課效果；二來可以提高孩子的記憶能力；三來可以提高孩子看書和整理筆記的積極性，提高自我學習的主動性；四來可以培養孩子愛動腦筋的好習慣，增強思維能力。

二、邊回憶邊對照課本

在孩子回憶完課堂上老師所講的問題後，接著就要回憶那些問題的答案。這時候，可以讓孩子一邊回憶答案，一邊對照課本。這不僅能抓住重點，還能鞏固關鍵內容。在對照課本時，不要平平淡淡地看一遍，要找出重點。對於能夠回憶出來的答案，看一遍書本即可，而那些回憶不出來或印象模糊的，則需要多研讀。

三、及時整理課堂筆記

通常課堂上的重點及難點，老師都會建議學生記錄在筆記本上。記完後，可不能讓您的孩子對筆記本置之不理，應該讓他們在課後及時地去整理、查缺補漏。那麼，孩子該如何整理筆記呢？

1. 課堂上來不及記錄或沒有記錄完整的部分，要及時地補上；
2. 查核課堂上所學的語句、名言、概念、公式等等重要內容的準確性與完整性，如果存在差異，及時更正；
3. 檢查預習時的難題是否解決。

四、用參考書延伸知識

參考書是根據課本內容編寫的，裡面補充了課本的不足，延展了課本的內容。讓孩子看一看參考書，不僅能加深他們對課文的理解，還能提升對知識點的認知，是學習中不可缺少的好幫手。因此，家長可以把關，給孩子選擇一本好的參考書，用來幫助複習和學習。

一般來說，孩子課後複習的時間不能太長，最好是當天的內容當天複習。根據不同的學科，還要採取不同的複習方法，比如國文和英文，這兩門學科要多閱讀，多背誦；數學則要多練習，多靈活運用公式和定理。

如果您的孩子能每天重溫老師當天上課的內容，對每一堂課都進行反省，把知識變成自己的，那麼一定能取得好成績。

第一章　課堂精靈：「善用」每一個 45 分鐘

階段性檢討，讓學習力進階

在學習過程中，我發現不少學生時常遇到這樣一種困擾，就是在做一道題目時，明明知道問題考的是什麼知識點，可是就是不知道怎麼去做。

這是什麼原因呢？歸根究柢還是沒有牢固地掌握知識點。

我常常對學生說，我們學到的知識可以分為兩種：死知識和活知識。前者是不能學以致用的知識，後者是能靈活運用的知識，是真正的知識。只是如何查找出那些死知識呢？學習內容少，週期不長的話，可以從頭到尾複習一遍；學習內容眾多，週期長，這時候可以使用效率最高的階段性檢討方法。

那麼，怎麼去執行階段性檢討的學習方法呢？我有以下幾個建議：

一、做些檢討性的題目

當我們學習了一個單元，或是學完了一整本書時，可以做一些綜合性的大題目。在做題過程中，可以整理運用到的知識點。這些知識點，我們可以做一個整理，比如列出結構或綱要，找出這些知識點的內在連繫。這樣的方法不僅讓學習的知識點連成一個系統，還能讓學生加深對知識的印象、鍛鍊自己的邏輯思維。

二、對學習做自我評估

當我們學習一段時間後,不要急著回頭按部就班地複習,要先做一下自我評估。評估的範圍很廣,一般有對預習方面的評估;對在課堂上是否認真聽講、積極回答、勇於提問的評估;對每天作業完成品質的評估;對遇到的疑難問題是否能順利解決的評估。透過自我評估,可以快、狠、準地找到學習中的薄弱點。根據這些薄弱點,我們再針對性地學習,學習效率自然就高了。

每一個星期,我都會給學生發一張「學生自我評估表」,這張表的目的就是評估一個星期內學習的情況及效果如何。評估表上的評估內容包括:

1. 課前預習是否到位;
2. 上課是否認真聽講,不會分心走神;
3. 上課是否積極回答問題;
4. 與同學合作學習時,是否相互配合、互相幫助;
5. 上課時,是否善於思考,回答問題時,能否有條不紊地表達自己的看法;
6. 課後是否能及時複習;
7. 作業能否獨立且高品質地完成。

每一條內容都有三個選項:優秀、及格、不及格。透過學生的填寫,我能準確了解學生一週內的學習情況。同學們也可

以自己製作一張自我評估表，自我評估一下階段性的學習情況。

階段性檢討可以剔除學習上的「絆腳石」，可以鞏固和加深學習過的知識。這樣一來，學習就會變得輕鬆簡單，學習成績自然也就能有所提升。

第二章　記憶喚醒：
練出來的「過目不忘」

　　記憶力對學習知識有著舉足輕重的作用。目前教育制度與考試模式，大部分是考驗孩子的記憶能力。然而，人的記憶力可以透過指點、教導、重複練習來獲得。重視孩子記憶力的培養，會使他們在今後的學習、生活中變得更加得心應手。

第二章　記憶喚醒：練出來的「過目不忘」

有效的記憶潛能開發法

我們的大腦就像是一張儲存卡，它記錄著每天的生活和學習。可讓人頭痛的是，這張記憶卡經常會短路，不是忘了這個，就是忘了那個，尤其在學習中屢見不鮮。都說記憶乃智慧之母，記憶力跟不上，成績怎麼能好呢？

這時候，不少家長往往習慣性地把孩子記憶力差的原因歸咎於沒有天分，於是要求孩子再多寫幾遍，再多背幾遍，再認真一點。其實這樣「為難」孩子大可不必，這樣做不僅不能有效提高孩子的記憶力，還容易影響孩子學習的自信心，讓孩子越發感到學習吃力，進而對學習產生反感、牴觸等情緒。

一個不爭的事實是，人的記憶能力是非常強的。據科學家研究，一個正常人腦的記憶容量相當於 5 億本書的知識總量，一個人的一生能儲存 1,000 兆個資訊單位。一個孩子學習需要記憶的東西，只是使用大腦容量的極小一部分。所以，我們需要重視孩子記憶力的培養，教會孩子找到記憶的訣竅。

無數的教育案例證明，孩子的記憶力是可以培養的。

我曾在一期名為「兒童超級記憶大賽」的電視節目中認識了一個叫許多多（化名）的男孩，他有著「記憶天才」的稱號。許多多的記憶力有多厲害？記者曾將一副撲克牌洗了幾遍後拿給他，他默默地按照先後順序記了一遍，然後背對記者，記者

不管報出第幾張,他都能準確地答出來。而實際上,參加比賽時,他能在 1 小時內記住 20 副打散的撲克牌。

這個孩子是天生的記憶神童嗎?不然,那是源於父母後天對他記憶力的訓練。許多多的父母對孩子的教育特別用心,在孩子的記憶力上,他們特別諮詢了一些記憶達人,他們發現,每個孩子的記憶力都是無窮的,只要試著開發,一定會取得意想不到的效果。所以,在許多多牙牙學語時,他的媽媽就用寓教於樂的方式來教導他。比如每次吃飯後,她都有意地帶著孩子散散步。一路上,媽媽會指著身邊的事物教他一一辨認,並引導孩子說出這些事物的特點,以此加深孩子對事物的認知。晚上睡覺之前,媽媽則會給孩子朗讀古詩詞,這個習慣讓許多多三歲時就能背下整本《唐詩三百首》了。

每當孩子記憶這些事物時,他的心情都是愉悅的,而研究顯示,愉悅的心情能讓孩子潛意識中去記憶。之後,許多多的媽媽開始重點培養孩子的記憶力,比如,她會將一些知識編成兒歌和順口溜,並讓孩子理解這些知識的含義。孩子理解後,聽幾遍就能記住。經過幾年訓練,許多多的記憶體系成效顯著。

通常來說,記憶力的高低與兩個因素有關:一個是先天遺傳,一個是後天訓練,而後者對記憶力的強弱影響更大。最近,科學家在對 23 個世界記憶力冠軍的大腦進行掃描時發現,他們的大腦和常人的大腦並沒有什麼不同,但在大腦的聯通性上的確出現了變化,但這些變化不是由於遺傳而是透過學習和

第二章　記憶喚醒：練出來的「過目不忘」

訓練得到的。

那麼，有哪些方法可以開發孩子的記憶潛能呢？

一、因材施教法

每個孩子的記憶力資質都不同，有的天生記憶力好，甚至能過目不忘，但這是萬中無一的，多數孩子的記憶力水準一致，相差不大。在對孩子進行記憶力訓練前，要先了解孩子的記憶資質如何。接著再了解孩子的記憶品質，這裡指的是孩子擅長什麼樣的記憶。比如有的孩子擅長視覺記憶，有的擅長聽覺記憶，還有的擅長動態或靜態的記憶。透過了解，後期再加以正確的引導和訓練，記憶力就能提升。

二、激發記憶興趣

記憶是一種心理現象，它受情緒左右。所以，在培養孩子記憶力時，我們要以孩子的興趣為主，不能強迫孩子去記憶。就像許多多的媽媽，她在培養孩子的記憶力時，用孩子喜歡的卡通人物來激發記憶興趣，讓孩子進行第一次的愉快記憶。當孩子有了這種愉快的體驗後，會不自覺地主動繼續去體驗這種愉快記憶。

我曾看到一些父母很缺乏耐心，在教導孩子背誦古詩詞時，往往強迫孩子去記憶，讓他們死記硬背。如果記不住，有時還

會批評指責。這樣的學習模式,孩子便會產生排斥心態。興趣是最好的老師,只有感興趣,孩子才會願意學,才能學習好,這是我們必須牢記的教育原則。

三、運用技巧記憶

人的記憶,有一個神奇的數字——7,這是人正常的短時記憶容量。我們讓孩子記簡單的幾個字、幾個公式一般是比較容易的,但複雜一點的知識,他們就比較吃力了,因為這超出了他們短時的記憶容量。這時,我們不用著急,只要找到正確的訓練方法,鍛鍊孩子的記憶力,就能看到明顯的提高。

比如,我們可以將孩子需要記憶的知識編成兒歌、順口溜,也可以滲透到表演和遊戲當中,這些都有利於孩子去記憶。

還是拿許多多來說,在一次比賽中,老師要求比賽者在1分鐘之內,記下「噴泉」、「公園」、「蜜蜂」、「花壇」、「草坪」、「玩具足球」、「轎車」、「男孩」、「微笑」、「木椅」這10個詞語。前面的比賽者都敗下陣來,不是丟了這個就是落了那個,許多多作為最後一名選手,從容不迫,胸有成竹地走上場。只聽他用洪亮的聲音,快速、準確地把這10個詞語背了出來,場內爆出了一陣熱烈的響聲和歡呼聲。許多多是怎麼記住的?隨後,他分享了自己的成功祕訣:「我把這10個詞語串聯成了一幅幅的畫面。公園裡有一個噴泉。噴泉旁邊有一個開滿鮮花的花壇,一群蜜蜂在辛勤地採蜜。突然,從不遠處的草坪裡,滾出

第二章　記憶喚醒：練出來的「過目不忘」

一個足球。接著，一輛轎車開過來，從車裡走出一個男孩，他微笑著撿起足球，坐到了木椅上。」

學習有技巧，記憶也有竅門，只要掌握了對的方法，透過訓練，記憶力就會顯著提高。就像之前說的，記憶乃智慧之母，記憶力提高了，學習成績自然也會提高。當然，這種能力的培養需要一個長期的過程，循序漸進，熟能生巧。

理解通透了，記得才夠快

在小學學習過程中，學生需要記住很多知識，有古詩詞、課文、英文單字、數學定義和公式等等。只要將這些知識記在心裡，然後再靈活運用，那麼成績並不會差到哪去。可是，在從事教育的這些年裡，我發現一些孩子在記憶知識時很賣力，可是效率卻不高，不少孩子也經常為此苦惱。

比如，有時前幾秒鐘才剛學過，轉個頭馬上就忘記了；明明已經背好的內容過一天就又忘了；默寫一首古詩詞，明明之前還背誦得很順溜，可是一旦蓋上課本以後，要麼記得丟三落四，要麼語句表述不清；明明這個英文單字記得滾瓜爛熟，可是有時就是想不起來，氣得乾著急。

記憶力的強弱影響著吸收知識的多少，記憶力不好，學習會感到吃力，長久下去會影響對學習的自信心，繼而出現反感

情緒。我接觸過許多家長，他們認為孩子記憶力差是因為注意力不集中和學習時的習慣不好，其實並不全然如此，最重要的是沒有找到對的方法去記憶。我在教導學生時，常常強調背誦前先理解。

為什麼背誦課文前要先理解呢？它的重要性我們可以從兩種類型的孩子看出來。在完成作業的過程中，有一種類型的孩子是拿到作業本就立刻開始寫作業，寫完作業後又做大量的課外練習，可是下了那麼多的功夫，成績卻總是不理想；另一種是在寫作業之前會花少量時間去複習功課的孩子，他們會整理出白天學過的知識點，然後一一回味、理解、鞏固，這類孩子並沒有花很多時間在學習上，可是成績卻很優秀。由此可見，理解是記憶的重要前提和基礎，也是一種最基本、最有效的記憶方法。

在學習過程中，我們碰到的許多知識都有深刻的含義，如果我們不理解這些知識的意義，硬是去死記硬背它，就算記下來了也提高不了成績，並且這些記憶都短暫得可憐。反之，我們在記憶這些知識時，先充分地理解它，這不僅能快速記憶，而且也不會輕易忘記，正如格言所說：「若要記得，必先懂得」。

最近，一個朋友總是向我抱怨自己的女兒記憶力不好，老是記不住書本上的知識，別人一次就能記住的，而她的女兒需要記好幾次，並且前面記住的東西，沒過多久就忘記了。隨著年級的上升，需要記的知識越來越多，這導致她女兒的成績越來越跟

第二章　記憶喚醒：練出來的「過目不忘」

不上，變得越來越不喜歡學習，甚至一提到學習，就變得很不開心。我意識到，這個孩子的心裡已經出現了拒學的情緒，如果不及時培養她的記憶力，那麼學習成績永遠也提升不了。

　　為了驗證這個孩子的記憶力如何，我做了一個實驗，我讓這個孩子去記憶一篇新學習，且稍微複雜的古詩。明明別的孩子十分鐘就能記住的東西，這個孩子花了半個多小時才勉勉強強地記住。之後，我詢問我的朋友她的孩子對什麼感興趣，朋友說她的女兒在音樂和舞蹈上很有天賦。於是，我又讓這個孩子聽了一首歌，讓人詫異的是她聽了一遍之後就記住了大半，聽完第二遍後就全記住了。由此可見，這個孩子的記憶力並不差，反而她的記憶資質高過許多人。可是她為什麼記不住課本上的知識呢？那是因為沒有用對方法。於是，我為孩子講解了一遍先前背誦的古詩內容的含義與意境，並讓孩子自己去理解體驗，結果她很快就記住了古詩，並且到第二天也沒忘記。我給她使用的記憶技巧就是「先理解，後記憶」。

　　透過這個事例，我們不難看出加強記憶是有技巧的。所以我們在背誦之前，需要先理解一番。拿一篇需要背誦的文章來說，我們在背之前最先做的應是通讀和瀏覽一遍，弄清楚文章的大致內容和結構，然後再劃分段落，找到文章的要點和難點，並逐個理解，等了解了這篇文章，自然就能快速背下來。

　　學習離不開記憶，記憶就是知識的儲備，學過的知識只有記住了才能發揮作用，而離開了記憶，一切學習活動都失去了

意義。把想要記住的東西先理解了，在理解的基礎上再背誦。這種方法記住得快，記得的時間長。所以，在訓練和提高記憶力上，我希望所有的孩子都能試試先理解，然後再去記憶。

放飛聯想，讓記憶插上翅膀

當你在戶外遊玩時，你看到奇形怪狀的雲朵會不會腦洞大開，很多聯想？當你在欣賞李奧納多・達文西的畫作〈蒙娜麗莎〉時，你是否會覺得她的那雙眼睛在隨著你移動？當你站在星空下，你會不會突發奇想地覺得有個外星人在注視著你？這個世界的一切對於孩子來說都是奇妙無比的，所以孩子們總會不停地問「為什麼」。

在孩子們不停地問「為什麼」的時候，有些問題可能幼稚可笑，有些問題簡單到不必回答，有些則是即使我們這些大人都說不清、回答不上的。在這裡，我想提醒大家的是，千萬不要覺得孩子是在無理取鬧，也不要因為回答不上來而感到惱怒與厭煩。因為有可能你的一個皺眉，扼殺的卻是孩子的想像力。

生活源於想像，學習也少不了聯想的翅膀，特別是在記憶力這方面。

每次考試時，班裡一個叫張揚（化名）的同學數學幾乎都滿分，國文也能考到 90 多分，唯獨英文成績慘不忍睹，常常拉了

第二章　記憶喚醒：練出來的「過目不忘」

他後腿。在背誦英文單字時，張揚覺得很吃力，就算記住了，隔天又會忘記大半。漸漸地，他開始討厭英文，每次看書和寫作業時，他能不碰英文，就絕對不會碰英文，久而久之英文成績更差了。

幸好這個現象讓我及時發現了，為了幫助張揚有效率地記住單字，我和英文老師一起商量了之後，想出了這麼一個法子，就是使用聯想記憶法。

有一天，我在英文詞典中找出了 12 個英文單字：beautiful、ugly、get、conserve、gain、deserve、black、observe、obtain、acquire、preserve、white，我把這些單字寫在紙上，並讓張揚在 5 分鐘內把這些單字記下來。看到這些單字後，張揚感覺整個頭都是暈乎乎的，一口否定道：「這些單字太長了，怎麼可能在 5 分鐘內記住嘛。不行，我做不到，而且我覺得沒有人能夠做得到。」

我聽後沒有說話，盯著紙看了兩分鐘後，然後拿來一張白紙，並在紙上一個字母不落地拼寫出了 12 個單字。

張揚看後，驚訝得目瞪口呆，不停地問我是怎麼記住的。

接下來，我講述了自己的記憶方法：「這 12 個英文單字雖然很長，但是你細心一點會發現它們是有規律性的。比如 conserve、deserve、observe、preserve，這 4 個英文單字有一個相同的詞根 serve，只要記住它們的字首，那這幾個單字就很容易記下了，然後再利用相似聯想的方法，找出它們內在的連繫，這

就很容易區分中文詞義了。我們再看 get、obtain、acquire、gain 這 4 個單字，它們都有『得到』的意思，我們利用接近聯想，就能舉一反三，提高記憶效率。至於 black（黑）和 white（白），beautiful（美麗的）和 ugly（醜陋的），它們是兩組反義詞，我們可以利用對比聯想，透過詞義對比，單字自然而然就記住了。很簡單，對不對？以後，你也可以這樣記的。」

照著這個方法，張揚開始記這 12 個英文單字，果然，不用 5 分鐘就全背下來了，而且還印象深刻。他興奮地跳了起來，開心地說道：「老師，您太厲害了，我終於找到背誦英文單字的好方法了，這樣一來我覺得英文也沒有那麼難了。」在聯想記憶法的幫助下，張揚變得越來越喜歡英文，成績也不斷提升。

聯想是獲得好記憶的助力。當然，這種記憶法並不單單能夠運用在英文當中，我們也可以運用到國文的字詞、古詩，數學公式與定義等記憶之中。下面我就來具體地說一說以下幾種聯想記憶法：

一、接近聯想記憶法

這種方法是透過事物之間的接近關係進行聯想記憶的，比如有時候一下子忘記了一個記得很熟的單字，這時候可以試著聯想一下，想一想它的詞性和在書中的位置，想一想它前面和後面是什麼單字，這樣往往就能想出來。

二、相似聯想記憶法

這種記憶法是根據事物之間的性質、規律等建立起來的記憶方法，在記憶之前，我們可以把字形、字音相近的字編成小組，比如可以將「楊、揚、腸、場、暢、湯」放在一起，從字形上看，它們的右邊是相同的，且注音符號的下半部也都是「ㄤ」，利用這種相似的特點去記憶，不僅記得快，而且還記得牢。

三、對比聯想記憶法

這種記憶法是透過對比找出事物之間的差異和特性來記憶的，我們在記憶知識時，不妨想想和它相對或有關的知識，以此來加強記憶。比如杭州的岳王廟有一副對聯，是「青山有幸埋忠骨，白鐵無辜鑄佞臣」。其中「有」和「無」是一對反義詞，埋下的忠骨和鑄就的佞臣也是相對的。又如「金沙水拍雲崖暖，大渡橋橫鐵索寒」，「徵蓬出漢塞，歸雁入胡天」，「大漠孤煙直，長河落日圓」等這些詩句都可以透過對比聯想去記憶。

善於觀察，記性頂呱呱

一個出色的舞者，只需一遍，他就能記住一支舞蹈的所有動作；一個傑出的畫家，凡是在他眼前出現過的事物，他都能

一絲不差地畫下來;一個優秀的音樂家,他能夠捕捉一切從他耳邊遊走的音符。這些人的記憶力為何如此驚人?或許與記憶天賦有點關係,但更多的是他們有著超強的觀察力。

什麼是觀察力?它指的是人透過眼睛、鼻子、舌頭、耳朵、身體等感覺器官獲知事物特徵的能力。科學表明,觀察是記憶的開始,也是記憶的基礎,如果一個學生的觀察能力不強或不準,那麼記憶效果也不會好,而這也是導致學習成績不理想的原因之一。

我記得兒子在三年級時,有好幾次回來晚了。我問他為什麼回來晚了,他很不好意思,扭扭捏捏地說老師將他留下來上「小課堂」了。會留「小課堂」的孩子,幾乎都是學習中出現問題的孩子,而兒子的問題是不能按時完成老師安排的任務──背誦課文。我知道,三年級的國文課本中有許多要求背誦全文或者段落的內容,如果沒有一個好的記憶力,對孩子來說很難完成學習任務。我翻閱了一下孩子的課本,要求背誦的課文多數是對動植物或一個物件的描寫。那時,困擾孩子的是一篇名為〈燕子〉的文章。我讓兒子背一遍給我聽,結果總是丟三落四,或者語句顛倒。

是孩子的記憶力差嗎?以我的經驗來看不是,而是因為他沒有找對方法來記憶這一類的文章。想到兒子連燕子和麻雀都分不清楚,於是,我收起了課本,帶著孩子來到窗臺邊。那時是春天,有一隻燕子在我家的窗簷下做了一個窩,並且生了一窩

第二章　記憶喚醒：練出來的「過目不忘」

小燕子。我帶兒子看燕子時，燕子媽媽正巧在窩裡給小燕子餵食。小燕子一個個毛茸茸的，張開嘴巴，嘰嘰喳喳地叫著，看上去好不熱鬧。

我對孩子說：「你仔細觀察一下，告訴媽媽，燕子是長什麼樣的？」

孩子歪著腦袋，觀察了一下燕子的模樣，然後認真對我說：「牠是黑色的，牠的腦袋圓溜溜的，而且還長了一對翅膀和尾巴。」

我點了點頭，說：「沒錯，你再仔細地觀察一下。」

孩子看了一會兒，應該是想到了什麼，他眼睛發亮，文縐縐地說：「一身烏黑光亮的羽毛，一對俊俏輕快的翅膀，加上剪刀似的尾巴，湊成了活潑機靈的小燕子。」

孩子說的這一段恰好是課文〈燕子〉中的第一段，並且一字不落地背了出來。接著，我又帶著孩子去到戶外，讓他觀察天空、柳樹、草地、花朵等景物的特徵。這些景物在課文中都出現過，孩子透過觀察，很快就將課文背誦下來了。

課本中還有一篇名為〈翠鳥〉的文章，這篇文章也是要求背誦的，但還沒有學習到。我讓孩子熟讀了幾遍，然後給他看翠鳥的模型。翠鳥是很珍稀的瀕危鳥類，我可沒辦法找一隻活的給他。幸好，這隻模型並不妨礙孩子對翠鳥特徵的觀察。所以，沒費多少時間，他就將一篇還沒學過的課文背誦了下來。

由此我得出一個結論，觀察是記憶的一大助力。在記憶過程中，如果我們沒有對記憶對象進行仔細的觀察，那麼它只會在腦袋裡形成一個大概，一段時間之後就會忘得一乾二淨。可是，當我們仔細觀察後，它就會在腦袋中形成一個深刻的記憶。於是，在後來的教學中，我經常讓學生們採用觀察記憶法。

由於小學生年齡尚幼，缺乏生活經驗和系統的觀察能力，如果沒有正確的觀察方法，他們很可能會左顧右盼、顧此失彼、走馬看花，降低觀察的效果。為了讓孩子正確地觀察事物，最大限度地強化記憶效果，我整理出了三種方法：

一、有順序地進行觀察

引導孩子按照從整體到各部分或從一部分到整體、從上到下、從左到右、從外到內等順序進行觀察。也可以引導孩子從遠處、近處、正面、側面等各個角度進行觀察。這樣不僅有利於孩子準確地了解事物，而且還能有效地發展孩子觀察事物的條理性及有序性。

二、兩種物體的比較觀察

讓孩子對兩種或兩種以上的物體或現象進行觀察比較，找出它們之間的不同點和相同點，孩子會集中注意力，也能得到良好的觀察效果。

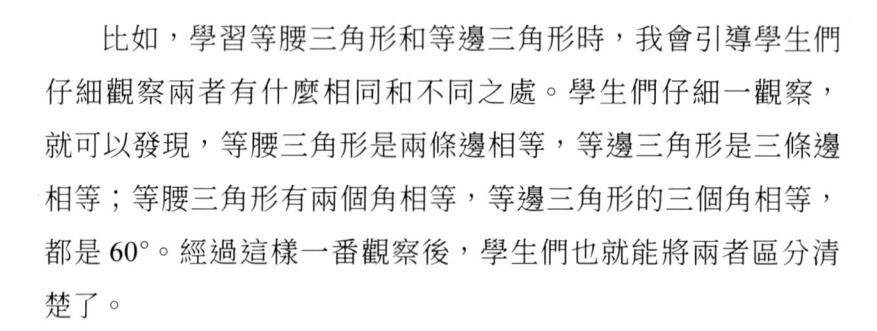

第二章　記憶喚醒：練出來的「過目不忘」

比如，學習等腰三角形和等邊三角形時，我會引導學生們仔細觀察兩者有什麼相同和不同之處。學生們仔細一觀察，就可以發現，等腰三角形是兩條邊相等，等邊三角形是三條邊相等；等腰三角形有兩個角相等，等邊三角形的三個角相等，都是60°。經過這樣一番觀察後，學生們也就能將兩者區分清楚了。

三、用多種感覺器官觀察

之前我說過，觀察力是一種透過感覺器官獲得事物特性的能力。它可以是用眼睛看、耳朵聽、嘴巴嚐、鼻子嗅等。在這個過程中，觀察得越認真，越仔細，越全面，記憶效果就越好。所以，觀察事物、理解事物時最好利用多種感覺器官，去看看、去聽聽、去摸摸、去聞聞、去嚐嚐等，這對提高孩子的觀察能力，強化孩子的記憶能力，是非常具有實際效果的。

觀察記憶法最關鍵的地方在於「觀察」這兩個字，所以我們要做的是培養觀察力。好的觀察力並不是一蹴而就的，而是一個長期訓練的結果。也只有長期反覆地觀察，才能在頭腦中留下深刻的印象。觀察中加以認真的思考，達到理解的程度，就會達到長期不忘的目的，這也就是我們常說的超強記憶。

例如，歐洲文藝復興時期，李奧納多・達文西第一堂繪畫課上就是學畫雞蛋，這一畫就是幾千幅。他是怎麼畫的？認真觀察自己要畫的每一個雞蛋，然後閉上眼睛，慢慢地想它所有的

細節，如大小、角度、色澤等，再重新看一下這個物體，並檢查自己頭腦中的表象有多少和原物相符合，有多少不符合，他利用這個方法造就了過目不忘的本事。

所以，在平時的生活中，不妨讓孩子眼觀六路、耳聽八方。家長帶著孩子出去遊玩時，不妨讓孩子把觀察到周邊的人、物、景的形狀、特徵、結構等描述出來。比如，在公園裡讓孩子觀察蝴蝶或蜻蜓的眼睛、嘴巴、翅膀，並叫他描繪一番。長久下去，孩子會下意識地去觀察，記憶力定會大大提高。

及時複習，記憶力更新

在教學中，常常碰到一些孩子向我抱怨，說學過的東西就像雲霄飛車似的，在腦海裡過一遍之後，沒多長的時間就變得模模糊糊了。特別是在考前複習時，竟會發現以前背得滾瓜爛熟的知識，都忘得一乾二淨了。明明已經掌握的知識，可是又忘記了，這就跟沒有學到知識一樣，學習成績可能好嗎？

其實，這種現象在學習中很常見，也很普遍。一個學生，他每天都在接收新的知識，這麼多知識累積到一起，如果不及時複習的話，很快就會被遺忘。當然，這裡的遺忘並不是真正的忘記，它只是一種假象，只要稍微複習一下，記憶就會重新回來，並且記得十分牢固。

第二章　記憶喚醒：練出來的「過目不忘」

英國哲學家培根說過：一切知識不過是記憶。大致是說，一切知識都是透過反覆記憶才能夠運用的。其實，我們可以更進一步說：一切知識，無非是回憶！所以我認為，及時的複習必不可少。

在我們同一棟樓裡，有一個叫李靈（化名）的女孩，今年上二年級了。據我所知，她的學習成績一直以來不算好，從來沒有考到班級的前半段。但也就兩、三個月的時間，李靈的成績不僅有了一個很明顯的提升，還在期中考試中拿下了「最佳進步獎」。這令很多人詫異，當然也包括我。於是，我在閒暇之餘詢問了李靈的父母給孩子用了什麼提高成績的「靈丹妙藥」。

李靈的父母說，孩子對自己很灰心，經常說自己太笨了，明明以前都會的知識，可是在考試中就是記不起來。但父母眼中從來就沒有笨孩子，李靈的父母也是如此。他們觀察一段時間後，發現自己的女兒不僅不笨，還非常聰明。至於成績不好的原因，是因為平時沒把複習當回事。其實，李靈也知道複習的重要性，在每次考試之前，老師也會強調要複習，只是她不願意複習。結果考試成績越來越差，學習積極性也一點點消磨了。

為了幫助李靈走出這個困境，她的父母做了大量的諮詢。他們意識到孩子在家學習時，主要內容只有兩項，就是複習和預習。前者是重溫一天所學，將知識鞏固，後者是為隔天更好地學習做準備。相對而言，前者比後者要重要。針對李靈缺乏複習的自覺性，她的父母想了一個辦法，就是監督孩子去複習。

他們讓李靈每天花半個小時去複習以前學過的知識，然後再定時檢查複習的效果，適當給予獎懲。

兩、三個月以後，效果真的出來了。

一個優秀的學生通常都會遵循一套完整的學習過程。這個過程經歷是：預習將要學習的知識、集中精神去聽課、合理安排時間去複習、每隔一段時間再複習與鞏固。有些孩子之所以成績不夠理想，就在於往往只注重學習新知識，而忽視了複習的重要性，學一點忘一點。

學習，溫故而知新。「溫故」的目的是為了鞏固以前學習的知識，複習的次數越多，那麼知識在腦海中就越深刻，這樣就能確保記憶愈發清晰。此外，任何一門功課都是一個完整的知識體系，在複習過程中將新知識與舊知識連繫起來，還可以加深理解，保證知識的完整性，達到延展學習的效果。如果我們將以前的舊知識牢固地記在腦海中，那麼在學習新知識時不僅輕鬆，而且效率也很高。

一般來說，孩子不去複習一個知識點，很有可能是認為自己已經完全掌握了。事實上，老師課堂上所講的只是知識點的輪廓。只有經過複習，才能掌握那些模糊不清的細節。等把這個知識點快速靈活地運用到習題上時，才可以說是真正掌握了。另外，在學習中，總能遇到一些晦澀難懂的知識，這些知識必須反覆推敲才能真正領悟，才能將知識點靈活地用於習題中。

第二章　記憶喚醒：練出來的「過目不忘」

複習是學習中的重要步驟，父母一定要讓孩子意識到複習的重要性，並養成良好的學習習慣。當然，複習並不是盲目的，它有一定的科學性，孩子們科學地去複習，學習效率才會提高。

有人做過這樣一個實驗，他找來兩組學生學習一段國文課文，A組學習後不複習，一天之後，他們的記憶率為36%，一個星期之後只剩13%。B組學習後進行了定時複習，一天之後的記憶率為98%，一個星期之後也有86%。由此可以看出，B組的記憶率比A組高出許多。為什麼有這麼大差別呢？原因是後者複習時遵循了記憶規律。

什麼是記憶規律呢？

德國有一位著名的心理學家，他叫艾賓豪斯，他最傑出的成就之一就是繪製了「艾賓豪斯遺忘曲線」。他的實驗資料為：剛剛記憶完畢時，記憶程度為100%，20分鐘後的記憶程度為58.2%，1小時後為44.2%，8至9小時後為35.8%，1天後為33.7%，2天後為27.8%，6天後為25.4%，1個月後為21.1%。越往後，記憶程度的百分比就越低。

艾賓豪斯的研究資料告訴我們，學習中的遺忘是有規律的，並且是先快後慢。特別是在第一天，如果不及時複習，那麼記憶量會瞬間跌落一半。所以，我們在複習時，可以遵循記憶規律。複習的最佳時間是在學習知識後的1至24小時內，最晚不能超過2天。因為間隔的時間越長，我們重拾記憶就越困難。

記憶就像是一個雪球，長時間不去複習，雪球會漸漸融化。如果經常去複習的話，雪球就會越滾越大。也就是說，我們越晚去複習，遺忘的就越多，而那時候的複習也稱不上為複習了，應該叫做重新學習。這也意味著，我們要付出更多的時間與精力。所以，在學習新知識後，一定要及時地溫故知新，杜絕拖拉。

　　對於我的學生，我有一個要求，就是每天不要急於完成書面作業，而是先重溫當天的課堂內容，進行即時回顧和知識梳理，今天老師主要講了什麼問題？哪些是重點知識？老師是如何分析和解決問題的？⋯⋯對每一堂課都要進行深入思考，並且做出初步的整理，把老師講的知識連結到自己的頭腦中，之後再動筆寫作業。這樣做的好處是，加深印象，強化記憶，作業完成得又快又好，而且知識掌握得很牢固。

　　另外，我們還可以為孩子制定一些複習計畫，比如日複習、週複習、月複習等。為了檢查複習得如何，也可以定期檢測一下孩子的複習效果。

運用卡片法，開啟記憶庫

　　我的兒子在上小學五年級時，我可以很自豪地說，他記下的英文單字詞彙量比一個高中生還要多。這裡面的功勞，絕大部分

第二章　記憶喚醒：練出來的「過目不忘」

是孩子自己的，因為他刻苦勤記，另外一部分的功勞是屬於小卡片的。看到這裡，很多家長可能很疑惑，小卡片是什麼？這得從我和孩子的一個故事說起。

記得孩子上四年級時，有一天他興致勃勃地跑回家，開心地告訴了我一個好消息：他要參加全市的英文競賽了。這一類的競賽，每年政府教育單位都會舉辦很多次，可是我知道，凡是去參加比賽的孩子都是英文高手，其中還有許多是華裔，他們的第一語言就是英文。而我的孩子土生土長，就算英文成績優秀，卻很難在競賽中拿到名次。

這類打擊孩子努力學習的話，任何父母都不會說出口，我也是如此。我笑著鼓勵孩子：「加油，媽媽相信你一定可以的。」孩子也信心滿滿地點頭。

在那段時間，我彷彿看到我的孩子變了一個人似的，往日裡的吵鬧全都被安靜給取代。另外，以前每天放學回家必看的卡通片，他居然不看了；之前每個星期固定會打籃球，現在他也不去了。他將這些原本的自由時間全都擠了出來學習英文。所以，我總是能見到他手裡捧著一本厚厚的英文詞典，嘴裡大聲地拼讀。

這種努力勤奮、勇於打拚的學習態度讓我很欣慰，我和孩子的爸爸為了配合孩子的學習，特地給他營造了一個良好的學習環境。我們不看電視了，不聽音樂了，就連走路都躡手躡腳的，生怕發出一點噪音影響了孩子的學習。就這樣，「小心翼

翼」的生活持續了一個星期,直到孩子那天放學回家後才恢復原狀。

那一天,孩子的情緒很低落,他哭著對我說:「媽媽,我不想去參加比賽了」。

「為什麼呢?」我很疑惑,就算拿不到名次,去鍛鍊鍛鍊也是好的呀。不過,礙於孩子的自尊心,這種話我是絕對不會說出口的。

孩子失落地說:「今天我和另外一個也要去參加比賽的同學比賽記憶單字,每次我都比他記得少,正確率也沒他高。媽媽,你說我是不是很笨?為什麼我的記憶力這麼差」?

我聽後,立刻否定:「不,你一點也不笨,記憶力也很好」。

「那我為什麼沒有同學記得多呢?」孩子無比認真地看著我。

我想了想說:「記英文單字本來就是一件枯燥無味的事,如果一味地死記硬背,效率肯定不高。我覺得你應該換一種記憶方法」。

後來,孩子將怎樣快速記單字這個大事交給了我。我認真分析了一下,既然要參加比賽,那麼不僅需要記大量的詞彙,而且正確率要高。這樣的話,只有小卡片記憶法最適合了。於是,我買回了大量的卡片,讓孩子把需要記的單字全都分類寫在小卡片上。我告訴孩子,只要記住一張卡片上的單字,就把卡片放進一個透明的收納箱內。

第二章　記憶喚醒：練出來的「過目不忘」

孩子每記一張卡片，就將卡片放在收納箱內，看到箱子內的卡片越來越多，他的積極性就越高，不知不覺中就不再認為記單字是一件枯燥的事了。當然，這還沒有結束。為了檢查孩子記憶的情況，我將那些記過的卡片重新拿出來，孩子對一個，我就放進一個新的收納箱。一番操作下來，不僅鞏固了孩子的記憶，也讓孩子明白了哪些單字是他沒有真正掌握的。

正是利用小卡片記憶法，孩子的單字越記越多。每隔一段時間的檢查，讓他的記憶更加深刻。讓我意想不到的收穫是，他在那次競賽中取得了三等獎的好成績。

小卡片記憶法是一種趣味記憶法，卡片上除了抄寫英文單字外，還可以寫上古詩、生字詞等。在古代，有很多飽學之士也運用這種記憶法，比如著名的宋代女詞人李清照。李清照只要有多餘的錢，她就會和丈夫去寺廟買碑帖，欣賞帖上的碑文，夫妻倆常常比試誰記下的碑文多。所以，在記憶枯燥無味的知識時，不妨也玩玩「卡片記憶遊戲」。不過在進行遊戲前，得先製作小卡片。

我建議卡片最好為長方形，長 6 公分，寬 3 公分，這樣的大小很適合拿在手裡，也方便攜帶。卡片的正面可以寫英文單字的詞義、古詩詞的題目、生字詞的注音等，而反面則抄寫英文單字、古詩詞內容、生字詞等。有一點需要注意，這類卡片一定要標註出科目與類別。另外，卡片兩面的顏色最好不同，這樣便於區別正反面。

卡片製作好了之後，遊戲就可以開始進行了。至於進行遊戲時的卡片數量，可以視每一局的時間而定。我在課堂上經常和學生們玩的一種模式是，參與遊戲的同學先花一點時間去記憶卡片上的內容，記憶完畢後，把卡片放在桌子上。之後每人一次挑一張卡片讓其餘同學背誦，背對的都能記一分，背錯了要扣一分，就這樣循環下去。對於這類卡片遊戲，孩子們的創造力比成年人強，只要肯動腦筋，一定可以想出更多的玩法。

　　卡片記憶法是一種廣泛而又靈活的記憶方法，抄寫卡片時，要由孩子自己抄寫，這樣不僅能加深印象，也能獲得學習樂趣。當孩子們記下的卡片越來越多之後，家長要幫助孩子們定期整理和複習，以此來不斷鞏固記憶。

照相記憶，實現一目十行

　　很久以前，我在電視上看到過這樣一個有趣的節目。節目中，工作人員拿來許多形狀不一但顏色質地相同的小石頭。他們將石頭擺成10層，每層擺放10個，總計100個小石頭。接著又打亂石頭擺放的位置，讓非洲和日本的小朋友將石頭恢復原先擺放的樣子。

　　看到這裡，你肯定會頭痛，這些石頭顏色一樣，質地又一樣，形狀那麼複雜多變，這兩個小朋友怎麼可能做得到！但讓人

第二章　記憶喚醒：練出來的「過目不忘」

驚訝的是，非洲的小朋友迅速準確地恢復了石頭原先擺放的模樣，可是日本的小朋友只記住了幾個石頭擺放的位置。我們不難看出，這是一個關於記憶力的節目。非洲小朋友能快速地擺放正確，是因為他們在日常生活中養成了一種神奇的能力——照相記憶。這種能力不僅使他們的視線變得廣闊，也讓他們的記憶力好得驚人。這就好比，當我們看一眼草原上的羊群時，我們只能記得其中幾隻，而他們卻能全部記得，甚至連那些移動的、身體被遮住的羊都能記得。

我們常說一目十行，說的就是照相記憶。在我們的生活中，也有許多人擁有這種能力。比如某某音樂家，他們在演奏時，只要瞥一眼樂譜，往往就能記住二十幾個音符；還有一些圍棋高手，當他們下完一盤棋後，能將棋子絲毫不差地重新擺出來；有些記憶力特別好的同學，他們在學習一篇課文時，讀兩三遍就能輕鬆記住，不僅記得很牢，在考試的時候還能夠一字不差地寫出來。

看到這裡，肯定有許多家長渴望，如果我的孩子也有照相記憶的能力該多好，這樣的話，孩子學習起來肯定很輕鬆，既不用煩惱記不住課文，記不熟英文單字，又不用擔心考試成績。那麼，我們的孩子真的能擁有這種能力嗎？我可以肯定地告訴你，當然可以，因為照相記憶能力是每個人生來就具備的。

科學研究，我們人類的左腦主要是記憶語言和邏輯順序的，它在處理資料時很費時間，而右腦是將記憶的內容轉化為影像

的方式來記憶的，這種記憶方式快而準。不過，大多數人只習慣用左腦處理資訊，右腦的能力漸漸就退化了。不過，正是因為人類天生就具備這種能力，所以只要透過後期的訓練就能找回來。在訓練孩子照相記憶之前，要先訓練影像記憶法，因為照相記憶是影像記憶法的更新。所謂影像記憶法，顧名思義就是利用影像去記憶。比如看到「蘋果」一詞時，可以讓孩子在腦海中想像出蘋果的模樣，這樣不僅能鍛鍊孩子的右腦，而且還能加深他們的記憶。

在運用影像記憶法時，我整理出幾個技巧。

一、記憶內容需分類

我們可以將記憶的東西分為兩類：一類為抽象的，一類為具體形象化的。當看到「蘋果」、「文具盒」等這類東西時，腦海會直接呈現出影像。但遇到「沮喪」、「數學定義」、「英文單字」時，大腦很難呈現出影像。這個時候，可以運用一些記憶技巧，將那些抽象的東西轉化為孩子們熟悉的具體化的影像，比如「自由主義」這個詞，可以讓孩子在腦海中想像出美國自由女神的影像。

二、影像聯結法

在遇到多個記憶對象時，可以使用影像聯結法。比如著名元曲家馬致遠所作的散曲〈天淨沙・秋思〉，內容為：「枯藤老樹

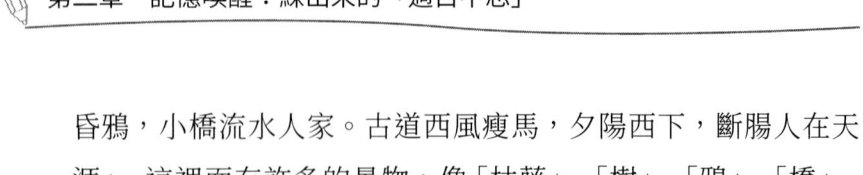

昏鴉，小橋流水人家。古道西風瘦馬，夕陽西下，斷腸人在天涯」。這裡面有許多的景物，像「枯藤」、「樹」、「鴉」、「橋」、「水」、「馬」等，所以在記憶時，可以讓孩子們將這些單個的影像聯結成一個整體影像，這樣不僅能快速記憶，而且還記憶深刻。

三、影像整理法

當一個記憶大師看到一堆雜亂的記憶對象時，他會先將它們整理有序，然後再轉化為影像去記憶。比如記憶這樣一組詞語：鯨魚、西瓜、菜刀、老虎、大海。如果死記硬背，不僅困難，而且印象也不深刻。不如將這幾個詞調換一下順序，整理出來的畫面為：老虎拿著菜刀切西瓜，結果西瓜被躍出大海的鯨魚給吃了。這樣記憶時是不是容易多了？

影像記憶既生動，又有趣，所以我在教學上也會提醒我的學生將這一種記憶法運用到學習中，等練成了照相記憶，什麼課文、單字都能輕鬆記憶了。當然，要透過這種訓練來提升記憶能力，不僅需要掌握系統的方法，更重要的是，還需要經過長時間的運用、實踐、訓練，才能真正融會貫通、靈活運用！

越是感興趣，記得越深刻

在我從事教育的這些年裡，有些學生的記憶力讓我哭笑不得。為什麼這麼說呢？舉一個最常見的現象，當我讓一些同學背誦課文時，他們要花很長時間去記憶，並且背得丟三落四。但當我給他們看一部卡通片時，他們不僅能記住裡面的每一個卡通人物，甚至是人物之間的對話都能記得一清二楚。

為什麼呢？無非是興趣使然。

學習相對來說比較枯燥，日復一日，年復一年，很少有同學對它感興趣，但卡通片生動有趣，孩子們會不自覺被它吸引注意力，潛意識中去記憶相關內容。其實，不只是學生，就連我們成年人也是如此。比如，當你進入一家新公司時，你很難在很短的時間內記住所有同事的名字，甚至連他們長什麼樣子都記不住。可是，當提到一支你喜歡的籃球隊時，裡面的每一位隊員你都能瞭如指掌。

興趣與記憶息息相關，它是最好的記憶武器。那麼，它對記憶起著哪些作用呢？

一、刺激大腦活動，有利於記憶

研究顯示，當人們碰上感興趣的事物時，腦神經會處在積極工作的狀態，不會感覺記憶是一種負擔。就比如，當你記憶感

第二章　記憶喚醒：練出來的「過目不忘」

興趣的東西時，總覺得時間過得好快，而對那些不感興趣的，不僅感覺時間漫長，身體也會感覺疲憊和睏倦，更別說去記憶了。就像一位記憶大師所說：「不感興趣的知識本身就帶有遺忘的基因」。就好像在我們心煩意亂的時候，某個人一直在你耳邊嘮叨，而他嘮叨了什麼？我們一句都記不住。

同理，當孩子們學習時，如果是感興趣的內容，就會學得又快又好。如果是不感興趣的，那麼潛意識裡會拒絕記憶。

二、使人注意力集中，加強記憶

當我們對記憶對象感興趣時，注意力會大大延長，也會在無形中對記憶對象進行認真的觀察和思考。這種細緻的觀察能刺激智力活動，也能加深記憶。

三、誘發人們的想像力，激發人們的求知欲

興趣會讓人的大腦產生許多奇思妙想，並在大腦中留下影像記憶。另外，當興趣發展到愛好的階段，人們不單單只滿足於了解，還會進一步地探究。這就意味著，在我們想像和求知的過程中，記憶會更加深刻。

有時候，興趣還能挖掘出人們內在的潛能，連帶著激發記憶的潛能。

我一位同事的女兒今年上四年級了，最近她很煩惱，因為

英文老師安排的背誦任務她總是完成不了。她覺得，英文課文好像跟她有仇似的，她是背了後面，忘了前面。時間花了不少，效果沒見幾分，這讓她漸漸對英文起了厭煩的情緒。好在，同事及時發現了這個問題。她不覺得自己的女兒記性不好，相反，她覺得自家女兒的記憶力好得驚人。因為，女兒背誦古詩詞看幾遍就能記住，聽過的歌曲也能很快地記住歌詞。可是，為什麼腦袋在記憶英文時就「當機」呢？為此，同事特地諮詢了著名的記憶大師。

記憶大師發現，這個孩子對音樂和帶有韻腳的古詩詞很感興趣，而且記得又快又好。於是，他將孩子需要背誦的英文課文做成一首帶有節奏感的曲子。果然，孩子迅速地記住了。接著，他又挑出了幾組尾音相同的英文單字給孩子記憶，這次記憶的效果好得驚人。按照這種方法學習英文後，同事女兒的英文成績提升了很多。

興趣是幫助記憶的有力武器，利用興趣去記憶，取得的效果往往事半功倍。所以，在使用興趣記憶法時，不妨讓孩子們將記憶的內容與興趣掛鉤，讓記憶對象變得更形象、更有趣。對於小學生來說，可以將記憶的內容編成兒歌、順口溜，也可以將記憶對象融於音樂中，或是結合著自己感興趣的事去記憶。這樣，孩子們在記憶時，不僅能變得開心，記憶也會保持得長久。

第二章　記憶喚醒：練出來的「過目不忘」

第三章　成績快升：
效率，是學業有成的靈魂

　　對孩子來說，提高學習效率是一個非常重要的課題。許多學生聰明又努力，成績卻不盡如人意，是不良的學習習慣導致學習的效率低下。有位著名教育家曾說過：「什麼是教育，簡單一句話，就是要培養良好的習慣。」好習慣會使孩子受益終身。

第三章　成績快升：效率，是學業有成的靈魂

靠時間堆成績，是笨努力

在我的班級上，濛濛是個很懂事的孩子，學習成績卻不是很理想。除了在學校督促她學習之外，我還讓濛濛媽媽也配合進行輔導工作。誰知，一段時間後濛濛的成績不升反降，而且性格也變得有些內向、沉悶了。這讓我有些焦急，趕忙聯絡濛濛媽媽，詢問這段時間是否有積極輔導濛濛的學習。

「老師，我真的不知道該怎麼辦了，」濛濛媽媽似乎有一肚子委屈，「為了讓濛濛能夠好好學習，洗衣服、疊被子什麼的，我從來都不讓她做，就是為了讓她將全部時間用在學習上。而且，我晚上要安排濛濛至少連續學習三小時，天天如此，我和她爸爸已經一個多月沒有看電視了。」對此，濛濛也顯得憂心忡忡：「老師，我把時間都用在學習上了，卻依然學不好。您說，我是不是一個笨孩子？」濛濛的問題究竟出在哪呢？想必很多人都很不解吧。對此，我想用一句話解釋：學習的時間長短並不重要，重要的是學習效率。

在做教育的這些年裡，我接觸過許多家長和孩子。透過觀察，我發現家長們存在這樣一個通病，那就是孩子們學習時間越長，他們就越欣慰，有時還會用言語和物質來鼓勵孩子進行更長時間地學習。然而，學習時間並不是越長越好，因為一個人的精力是有限的，它就像是一根彈簧，有一個彈性限度。

在這裡，我想提及教育界一個著名的研究：

研究人員將60個孩子放在教室內進行長達5個小時不間斷的學習，老師每一個小時就會對孩子們的學習成果和學習態度進行檢查。結果是：效率最高、學習態度最認真的通常是第一個小時。到了第二個小時，孩子們的注意力會稍微分散，所學習到的東西也逐步減少。第三個小時，許多知識只是形式般地從孩子們的腦子裡過一遍，真正記住的微乎其微。第四個小時和第五個小時，孩子們不僅什麼都學不進去，學習態度也越發散漫。到了第二天，孩子們甚至想不起在那5個小時裡到底學習到了什麼。

孩子的年齡越小，注意力集中的時間越短。若毫無變化地讓他們重複同樣的行為，他們的注意力就會不自主地渙散，難於集中。比如一個複雜的漢字，硬是要寫上100遍、500遍，先不說孩子是否記得住，寫上幾十遍之後，孩子會感到疲勞，無法集中注意力。這時，如果繼續學習的話，只會增加他們對學習的厭惡，如此就得不償失了。

在這裡，家長們可以換位思考一下，如果讓你連續性地開幾個小時的車，或是不間斷地工作好幾個小時，你的注意力是否會如起初那麼集中？效率是否一如既往的高呢？答案當然是不會。不管是大人還是孩子，長時間地用腦，肯定會造成疲勞與懈怠。

家長們抓緊孩子的學習是值得肯定的，但時間上要講究一個適度原則。萬不能忽視孩子的時間是否適當，精力是否充

第三章　成績快升：效率，是學業有成的靈魂

沛，主觀上是否願意等因素。

透過長時間地觀察和學習，我發現小學生的注意力集中時間，在 6-7 歲為 15 分鐘；8-10 歲為 20 分鐘；11-12 歲為 25 分鐘；13-15 歲為 30 分鐘。為了保證最好的學習效率，就書寫時間來講，6-7 歲的學生不超過 10 分鐘；8-10 歲不超過 15 分鐘；11-12 歲不超過 20 分鐘；13-15 歲最好不超過 25 分鐘。

想要提高學習效率，前提是需要保持頭腦清醒敏捷，而放鬆大腦的有效途徑就是勞逸結合。所以，除了學習外，還可以適當地去運動，去看看電視，或是補充一下睡眠。等精力充沛後，學習效率才會提高。

我的兒子時常在所在的班級考第一名，許多人都羨慕他有一個當教師的媽媽，但說實話，我這個「家庭老師」並沒有給孩子太多的督促。在兒子學習或複習的時間安排上，我不提倡他連續學習半小時以上。當他在學習時感到疲憊了，我會提議他小玩或小睡一會兒，等補足精神後，再去專心學習。我也不會給孩子增加過多的額外作業，他做完作業後，完全可以自由地玩耍，甚至看電視、玩電腦。這樣就保證了孩子學習時注意力的有效集中，進而便輕鬆有效地提高了學習成績。

只靠延長學習時間，就想取得好的學習效果，這是難以奏效的。給孩子安排家庭作業，是多一些好，還是少一些好？

孩子學習較長時間了，是鼓勵他繼續努力好，還是提醒他注意休息比較好？

……………

對於這些疑問，我想答案已經是很清楚的了。

要知道「最佳用腦時間」

經過一段時間的觀察，我發現思思在課堂上總是無精打采，處於一種發呆的狀態，學習也沒什麼積極性。有幾次，我有意叫思思回答問題，她總是愣幾秒後才站起來，回答得前言不搭後語。我覺得這樣下去可不行，於是將思思叫到辦公室談話：「思思，我發現你最近學習狀態不太好」。

思思一聽就委屈地說：「老師，我也不想這樣」。

「哦，發生什麼事了嗎？」我一臉疑問。

思思頓了頓，回答道：「最近媽媽特意為我制定了一個作息時間表，她覺得早晨是最珍貴的時光，也認為是一天學習效率最好的時間，所以規定我每天早晨 5 點起床早讀。可是照著作息表執行一段時間後，我覺得每天都困得不行。早上起床時，經常閉著眼睛穿衣服、閉著眼睛刷牙，到了學校後，只想趴在課桌上睡覺，一點都學習不進去……老師，我現在最想做的事就是睡覺」。

了解了這一情況後，我立即聯絡了思思媽媽，明確指出她

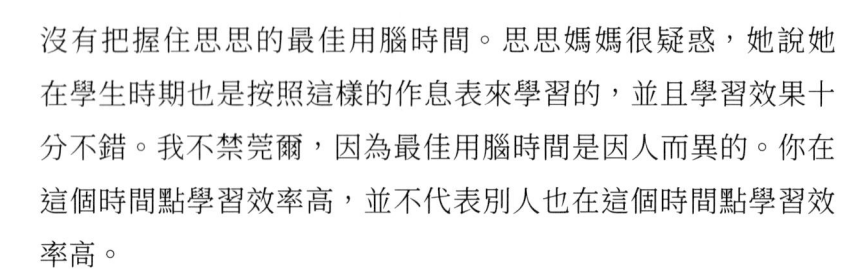

第三章　成績快升：效率，是學業有成的靈魂

沒有把握住思思的最佳用腦時間。思思媽媽很疑惑，她說她在學生時期也是按照這樣的作息表來學習的，並且學習效果十分不錯。我不禁莞爾，因為最佳用腦時間是因人而異的。你在這個時間點學習效率高，並不代表別人也在這個時間點學習效率高。

什麼是最佳用腦時間？其實就是我們的腦細胞處在高度興奮的時刻。我們的大腦與電腦一樣，有接收資訊、整理資訊、儲存資訊以及輸出資訊的功能。在腦細胞最興奮的那一刻，大腦工作的效率要比其他時間高出許多。如果我們找對孩子的最佳用腦時間，並利用這段時間去學習，取得的效果肯定事半功倍。

我想，有很多的家長都與思思的媽媽一樣，認為早晨的時間對孩子最重要。這種想法並不奇怪，自古就有「一日之計在於晨」的說法。可是事實上，每個人的最佳用腦時間都不同。有些學生的最佳用腦時間在晚上，每到夜間，腦細胞就處在興奮狀態，不僅思維活躍，注意力也高度集中，學習效率自然高。

為了給思思找出最佳用腦時間，我使用了體驗法和比較法。

體驗法是，我給思思安排了一項需要長時間才能完成的學習任務，並讓她在不同的時間段去學習。在完成的過程中，回憶什麼時候精力最集中，腦子最清楚，效率最高。經過幾天實驗，思思發現，晚上她的效率是最高的。

比較法是，我將一天的時間劃分成早晨、中午、下午、晚上四個時間段，並在每個時間段出十題難易程度差不多的數學

題讓思思做。結果是,她早晨做對了三題,中午做對了五題,下午做對了六題,晚上做對了八題,再將早晨與中午沒有做出來的題目讓她在晚上去做,令人驚喜的是,她又做對了好幾題。透過比較,思思的最佳用腦時間確實是晚上。經過一段時間的學習後,她的成績明顯提高了許多。

試一試「交替學習法」

期中考試馬上就要到了,看到學生們每天都在埋頭苦學,尤其是班裡最調皮搗蛋的毛毛也變得好學起來時,我感到非常欣慰。但半個月後的小測試,我發現毛毛的成績並沒有提升,對此毛毛也是不解:「老師,我這段時間真的有好好學習,但成績還是不理想。現在我一看到書就頭痛,一點也不想學習了。」我對毛毛進行了一番鼓勵,然後讓他先回教室。

接下來,我開始特意觀察毛毛的學習過程,我發現毛毛在自習課上要麼捧著數學書一直不放,要麼就跟國文書「硬碰硬」,於是我告訴毛毛:「你的問題在於不會把國文、數學交替著學習。時間長了,學習自然就變得枯燥無味而且沒有效果。」之後,我教毛毛一種叫做「交替學習」的方法。

我相信,有很多孩子與我的學生毛毛一樣,明明十分用功地學習,但成績卻很不理想。歸根結柢,還是效率不高。有研

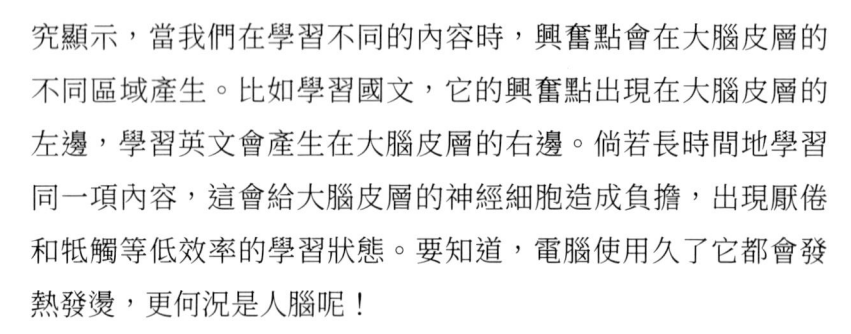

第三章　成績快升：效率，是學業有成的靈魂

究顯示，當我們在學習不同的內容時，興奮點會在大腦皮層的不同區域產生。比如學習國文，它的興奮點出現在大腦皮層的左邊，學習英文會產生在大腦皮層的右邊。倘若長時間地學習同一項內容，這會給大腦皮層的神經細胞造成負擔，出現厭倦和牴觸等低效率的學習狀態。要知道，電腦使用久了它都會發熱發燙，更何況是人腦呢！

這個時候，得學會一種新的學習方法——交替學習。所謂「交替法」是指在學習過程中將各個學科輪番交替學習，即在一定時間內，輪換學習（包括做題）各門學科。

從科學的角度來說，交替學習符合大腦工作規律，是一種提高學習效率的有效途徑。當我們不時地變化一下學習的內容時，興奮點就會輪番出現在大腦皮層的各個區域。如此可以使大腦得到充分的休息，使注意力保持高強度、永續性的集中，讓大腦一直保持良好的工作狀態，學習起來自然事半功倍。

所以，我們看到有的學生學習十分刻苦，整日一本書翻不到頭不罷休，分分秒秒都捨不得浪費，日復一日，弄得筋疲力盡，結果收效甚微；有些學生則不然，桌子上放著兩三門學科的書，每隔一段時間就換換學習內容，看似沒用多少功，卻效果驚人，成績突出。

小學生該怎麼去交替學習呢？我在工作中整理出三個行之有效的方法。

方法一：文理科目交叉學習

有研究顯示，人類在記憶相似的內容時，大腦會受到「順向抑制」和「逆向抑制」的干擾。前者指原有的記憶抑制後來的記憶，後者指原有的記憶被後來的記憶覆蓋。時間久了，大腦會產生混亂，思路會容易受阻，記憶力變得遲鈍。因此，學生在學習時，可以交替著學習文理課程。比如學習數學時，當大腦出現「好無趣」、「腦袋要當機了」等資訊時，應該及時調換其他科目，可以學習國文或英文。

學習最重要的是效率，交替學習就是為了提高效率。在我的指導下，我的學生毛毛在自由複習的時候，先做半小時數學題，然後閱讀 10 分鐘國文，或記生字、背課文，然後再做半小時左右的數學題。在一個星期後的課堂小測試中，毛毛的數學成績比上次提升了 10 多分。當時，他興奮地對我說：「老師，這種方法時間用得少，效果特別好。」

方法二：交替學習同一學科的不同內容

同一學科的交替學習對我們的學生來說也是一種值得提倡的學習方式。在小學階段，科目只有語、數、外三門，並不如國高中科目的豐富多彩。這種學習方式可以幫助學生融會貫通學過的知識，強化記憶力，提高綜合運用能力，尤其在數學學習中表現最突出。

第三章　成績快升：效率，是學業有成的靈魂

方法三：重點科目分段學習

　　我們班上有個孩子英文特別好，不論是口語、聽力，還是筆試，表現都很突出。那麼他是怎麼學習的呢？他從來不給自己下硬指標，也不長時間地去學習。在令人神清氣爽的早晨，他會著重練習英文口語和記憶單字，中午休息時，他會聽一聽英文聽力，等到夜深人靜時，他會做一些英文習題，寫一寫作文。正是這種分段性的交替學習，讓他的英文成績名列前茅，英文老師也從未擔心過他的英文成績會下降。所以，面對重點和薄弱的科目，可以將每天的學習任務分成幾段時間，這樣不僅感到新鮮，也在無形中延長了學習時間。

　　值得注意的是，交替學習一般 45 到 60 分鐘比較合適，休息 10 分鐘後，再學習另外一門。連續學習兩小時後，最好能去戶外活動 20 分鐘，呼吸一下新鮮空氣，可以散散步、做做操等，讓腦部得到充分的休息，如此學習效率會大大提高。

學習有計畫，效率提升大

　　每逢學校放長假時，我總會給兒子提前制定一個詳細的假期學習計畫，最初兒子對此總是滿腹怨言，也不肯好好地去實行，還經常想方設法地和我「鬥智」。於是，有一次長假期，我

表示不再給兒子制定學習計畫。

「啊哈,這次我可自由了!」兒子舉雙手贊成。一放假,他不是在家裡玩遊戲、看電視,就是出去找朋友們玩耍。這樣好好玩了4天,兒子才想起該學習了,卻發現需要完成的作業太多,需要學習的知識也很多。然而,假期只剩下3天了,該怎麼辦?兒子翻翻這個,看看那個,都不知道該看什麼了,只好東一榔頭西一棒槌,像個沒頭蒼蠅一樣。結果從早忙到晚,學習效果很不理想。

「媽媽,這是為什麼?我不喜歡這種亂糟糟的感覺。」兒子有些氣急敗壞地抱怨。

「以前呢?你覺得怎麼樣?」我追問。

「以前有學習計畫的時候,我每天的學習都有條不紊,一點也不慌亂,學得也有效率。」兒子的哭腔中夾雜一絲後悔。

吃一塹,長一智。自此,兒子便能好好遵守學習計畫,後來也學著自己去規劃,學習成績穩步提升。

學習說到底是一場持久戰,是需要一步一步跑出來的馬拉松比賽,是從一磚一瓦開始累積起來的高樓大廈。長跑要平均分配體力,蓋樓要先有藍圖。同理,學習也離不開合理的計畫。「凡事豫則立,不豫則廢」,有些學生之所以沒有學習動力,缺乏計畫性是重要原因之一。

計畫是實現學習目的的藍圖,每一個想把成績提高的學生,

第三章　成績快升：效率，是學業有成的靈魂

頭腦中都應有這張藍圖。一個有計畫的學生會清楚地知道他如果多玩一小時，多聊一小時，將導致計畫的某項任務完成不了，而這項任務沒完成又將會給整個學習帶來不良影響。但是有了計畫，每一步做什麼都明確，不用白費時間去想下一步做什麼，也不用為決定下一步做什麼而游移不定。顯然，這既能減少時間上的浪費，又能提高學習效率。

制定一個切實可行的學習計畫，什麼時間做什麼事，不僅可以約束孩子的學習行為，使學習生活節奏分明，而且也有利於學習習慣的形成。一旦形成了條件反射，該學習時能安心學習，該鍛鍊時能自覺去鍛鍊，該睡覺時就能自然入睡。所有這些都成了自覺行動，時間久了，良好的學習習慣就形成了。

制定學習計畫表時，需要遵循一些正確的方法。

方法一：要切合實際

有許多孩子制定學習計畫時興致很高，但執行起來卻顯得困難重重。那是因為他們的計畫高於現實。正確的做法是，我們要根據實際情況來制定。那麼，什麼是實際情況，又該怎樣去切合實際呢？首先，明確孩子們的學習水準，確定學習計畫的起點；其次，明確可以支配的時間，確定每個時間段所學習的內容；最後明確學習任務，確定每天的學習安排。當然，這些也要與各學科的教學情況、教學進度相配合。

方法二：突出科學性

學習計畫不是除了學習，還是學習。計畫要兼顧多個方面，學習時不能廢寢忘食，這對身體不好，這樣的計畫也是不科學的。因此在制定學習計畫時，學習、休憩、娛樂，這些都要考慮到計畫當中。唯有豐富的學習專案和健康規律的生活才能帶來好成績、好身體。

在我所帶的班級中，絕大多數的孩子都是有學習計畫的，可是他們的學習計畫是怎樣的呢？本著好奇心，我讓孩子們提交了一份詳細的學習計畫給我。其中，有個孩子的學習計畫讓我意識到一份科學合理的學習計畫的重要性。這個孩子的成績在中下游，他的性格很內向，我鮮少見到他與別的同學交流玩耍，課間不是在看書，就是在寫作業。看到他的計畫後，我才豁然開朗。

這份計畫表上多是「幾點到幾點閱讀」、「幾點到幾點寫字」、「幾點到幾點做數學」、「幾點到幾點做國文」，他的學習計畫中，除了睡覺與吃飯外，根本沒有自由活動時間，而他也一股腦子地照著學習計畫進行。學習成績不僅沒有提升，性格也越來越內向。我不禁感慨，孩子啊，你可是國家的主人翁，怎能將自己的學習計畫制定得如此「一絲不苟」呢？除了學習，你的日常生活在哪呢？

後來，我提了一些合理的建議給孩子，這個孩子為學習計

畫納入了身體鍛鍊、文化娛樂等內容，最終保證了高效學習的品質。

方法三：突出重點

一天有 24 個小時，每天用來學習的時間是有限的，而我們學習的內容卻是無限的。所以，學習時要有重點。這裡的重點，一是指學習科目的強弱，二是指學科內容的重點與難點。此外，有些同學想要發展一些特長或者是參加學科競賽，這些都需要花時間。在制定學習計畫時，這些情況都需要考慮進去。

方法四：具有靈活性

如先前說的，學習計畫不能太過呆板，要有一定的靈活變通性。所以，計畫不要安排得太滿、太死、太緊，要留出一定的餘地，使計畫有一定的靈活性，這樣就能高效率地完成學習計畫了。

方法五：因科制宜

根據不同的學科，要制定不同的計畫。在小學階段，主要學習語、數、外三門課，每一個學科都有自身的特點和規律，這時候就要根據自身情況「因科制宜」。比如，上午 8 點至 10 點，嚴謹而周密的思考能力、認知能力和處理能力較強，此刻

是解答數學難題的大好時機,應充分利用。

看了這麼多,各位家長是否覺得一個學習計畫居然有那麼大的學問呢?而我所說的這些只是一個大綱,裡面的內容需要孩子們自己去填寫,家長們只要當個參謀軍師即可。

治一治「頑固拖延症」

小超學習成績還算可以,但就是慢性子,時常不能按時完成作業,總是會落後很久。

這天早上我從家往學校前進,半路目睹了這個情形:

小超在學校不遠處的一片草地上踢足球,一旁的媽媽不停地催促他趕緊上學。但小超似乎沒聽到,仍舊玩得不亦樂乎。小超媽媽火大了,二話不說就開始打小超的屁股。

我立即跑了過去,小超媽媽才停手,大吐苦水:「老師,我知道打孩子不好,但小超做事總是拖拖拉拉,一點作業可以寫很長時間。有時候我就是忍不住,尤其是上課要趕時間,孩子卻還在磨蹭拖拉,讓人心煩氣躁,一生氣就容易控制不住自己」。

小超媽媽的心情我很能理解,磨蹭推拖是每個孩子幼年時的共性。學習時磨磨蹭蹭、拖拖拉拉,任憑別人在那兒叫破嗓

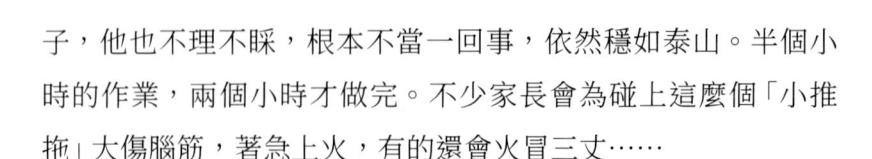

第三章　成績快升：效率，是學業有成的靈魂

子，他也不理不睬，根本不當一回事，依然穩如泰山。半個小時的作業，兩個小時才做完。不少家長會為碰上這麼個「小推拖」大傷腦筋，著急上火，有的還會火冒三丈……

在我的教學生涯中，有不少孩子在學習中也存在「推拖」的壞習慣。尤其是在寒暑假中，經常是前面的假期玩耍，到了快開學時，用幾天的時間完成一個寒暑假的作業。我翻閱過這些孩子的作業，做錯的題目數量高達 50%。是這些題目不會做嗎？顯然不是。因為我將有些做錯了的題目再讓孩子重新再做一遍，他們卻做對了。而那些真正不會做的題目，因為趕時間沒有認真審閱和標註，所以就成了沒有理解下來的難題，這也成為成績下降的關鍵因素。隨著年級的升高，學習越來越有壓力，成績可想而知。

看看那些成績優異的學生，無一不是懂得駕馭時間的高手，他們清楚地知道該在什麼時間做什麼事，而且做事情時總是很快、很有效率，進而能主動地掌控自己的時間。

那麼，如何幫助孩子解決做事推拖的壞習慣呢？

一、加強時間觀念

要改變孩子學習時推拖的習慣，我們應該對孩子提出一定的時間要求，培養孩子的時間觀念，使其主動加快自己的做事速度。比如，可以對孩子的學習提出一定的時間要求，需要多長時間，事先設定，然後鼓勵孩子以最快的速度保質保量地進

行。規定時間一到，即使沒有完成學習任務也要立即停止；也可以幫孩子設計一張學習進度表，把每天學習的時間填進去，讓孩子在固定的時間學習，讓他在潛意識裡時刻告誡自己「現在就去做」、「立即行動」等，並堅持形成一種行為習慣。

二、教孩子自我暗示

在學習的過程中，有些孩子會因為外界的打擾，不能集中注意力，進而拖延學習時間。這時，我們老師和家長要教孩子學會自我暗示，比如用自言自語的方式提醒自己「專心寫作業」、「不要走神」、「不要分心」，也可以給孩子在書本、課桌上寫些「今日事今日畢」之類的警醒性句子，保證注意力不受影響。

三、必要的學習技能

有些孩子學習推拖可能是因為他沒有掌握學習的技巧，不知道如何合理安排來提高學習效率。如果想讓這類孩子的動作快起來，我們就必須教會他們一些基本的技能，比如學習用品擺放要分門別類，先複習後寫作業可以節約時間，學習時不能邊學邊玩等，進而讓孩子能夠積極主動地「快起來」。

四、讓孩子品嘗後果

如果再三提醒孩子要快速一點之後，他依然在那裡磨磨蹭蹭的，不妨任由他去，讓孩子自己去品嘗拖拖拉拉的後果。當

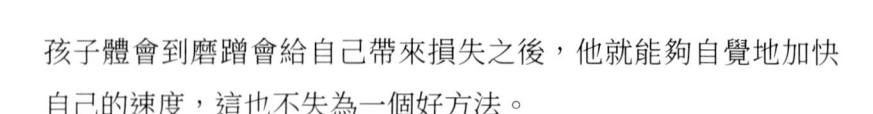

第三章　成績快升：效率，是學業有成的靈魂

孩子體會到磨蹭會給自己帶來損失之後，他就能夠自覺地加快自己的速度，這也不失為一個好方法。

我的兒子有一段時間做事經常磨蹭，每天寫作業時都要我不停地催促，然而他還是在那裡磨磨蹭蹭的。發現了兒子的這一壞習慣時，我並沒急著點明，因為我明白，光是嘴巴說，孩子可能當時聽話了，過個一兩天後還是會恢復原樣。所以我思索著，一定要給孩子下一劑猛藥，徹底改正他的陋習。

一天，我跟兒子講以後不再催他學習了，讓他自己安排學習的時間。當時兒子心裡樂開了花。如料想的那般，當天他寫作業時一會兒吃零食，一會兒看電視，直到晚上10點了才意識到自己還沒有完成作業。結果直到半夜1點才把作業完成，完成的效果也不好，錯了好幾題，第二天在學校被老師罵。從那以後，兒子再也不用我催促著學習了，他自己會看著時間及時完成作業。

低年級的小學生年齡尚幼，各位家長，不到萬不得已，我不建議使用這一招。

用好零碎時間，80%考上好學校

「老師，我並不比我們班上的『學霸』齊陽（化名）笨，我比他聰明好多，我也不是不用心。相反，我認真聽課，按時完成

作業,也看好多課外書,但是我每天的時間總是不夠用。如果我的一天是48個小時,那麼我就一定能考班級第一名。」這是我在一次對學生們進行學習情況了解時,一個叫瑩瑩的學生的「心聲」。

也許,你覺得她說的話很可笑,畢竟時間對每個人都很公平,誰也不會多一分,少一秒。可細細想來,抱怨時間不夠用又何嘗不是一個很普遍的現象呢?從事教育這麼多年以來,加上創辦公益課,至少有幾百個孩子、家長問過我如何才能保證每天有更多的時間學習。當然,有這種困惑的孩子和家長遠遠不止這些。

我想說,時間是不可能變長的,但時間像海綿裡的水,只要願意擠,總還是有的。

隨著年級的升高,學生的功課會越來越重,作業越來越多。為了保證高效的學習效率,不能一味地向睡眠要時間,過度地減少睡眠時間。要學會充分利用好那些可能被浪費的,或認為是無足輕重的零碎時間,我將之稱為「吃零時」,進而使自己獲得比別人多幾倍的學習時間,這有助於學習成績的提升。

在我們的日常生活中有許多零碎時間,比如坐公車、起床盥洗和吃飯前後的閒置時間、睡覺前、等人的時間等等。

在零碎的時間裡,基本上無法完成什麼重要的事情。但是,零散的時間對我們來說也是很重要的。要知道,我們的生命就是由一分一秒的時間累積起來的,學習是在時間中進行的,也

第三章　成績快升：效率，是學業有成的靈魂

是積少成多的。俗話說「不積跬步，無以至千里」，如果把這些稍縱即逝的零散時間加以利用，長期累積下來會有非常驚人的效果。

在零碎的時間裡，可以做下面一些事：

在學習的時候，有許多與學習相關的事要做，比如削鉛筆、收拾文具盒、整理書本和書包、打掃學習環境等。在做這些事情的時候，完全可以處理與學習相關的事，比如在大腦中重溫一下剛剛學會的知識，回憶老師上一節課所講的內容，或者默背幾個數學公式、英文單字、漢字等都是可以的。

在學校的中午用餐時段，我建議學生們可以利用用餐時間進行學習，例如整理筆記、摘寫好詞好句、做剪報等。如果這段時間不是太短，還可以閱讀一些優秀的文章，或看一看學習報上的學習方法。

一些零散的知識點，包括古詩詞、英文單字、英文文法、數學公式與定理等基礎知識比較簡短，相互之間沒有太大影響，且多數是靠記憶，更可以利用零碎時間學習。只要一有空閒，都可以看一看、記一記這些知識。比如記英文單字，如果每天用零碎時間背 5 個單字，那麼一個月就可以背下 150 個，一年就可以背好 1,800 個。隨著詞彙量的提升，學習好英文將不是難事。

這個方法是非常奏效的，比如我曾在兒子早上洗臉、刷牙的時候，給他放英文聽力題；我在家裡的牆上、鏡子上，貼著

帶有國文詩詞、地理地名和英文單字等的掛畫，就是為了方便兒子隨時學習；我曾讓兒子隨身攜帶書本，在排隊、等車的時間，隨時拿出來看看……兒子幾乎隨時隨地都能學習，學習時間得到了保障，學習成績自然也不錯。

學習是在時間中進行的，誰的學習時間越多，誰學習到的知識就越多。充分利用零散的瑣碎時間學習，既不影響孩子的正常學習時間，又能有效提高學習效率，家長們不妨讓孩子試一試。

不僅要愛學習，還要會學習

我曾經聽過這麼一個生動的比喻：一個獵人去森林裡打獵，他可以不帶乾糧，但一定得帶獵槍，有了獵槍就不愁沒有食物。一個孩子在學校裡一個勁兒地儲存知識，而不懂得掌握知識的方法，那麼他畢業後，就像是帶著乾糧沒帶獵槍而走進森林的獵人。結果是乾糧耗盡，活活餓死。這個比喻很生動，它直白地指出了學習方法的重要性。

其實，大多數學生的智力並沒有太大差異，尤其是小學階段，各科知識並不難理解，之所以學習成績出現千差萬別，一個最重要的原因是學習方法是否正確。好的學習方法可以使學習變得簡單、輕鬆，有效地激發孩子的學習動力，事半功倍，

第三章　成績快升：效率，是學業有成的靈魂

反之，孩子學習倦怠，事倍功半。

所以，當有些學生明明很用功，成績卻一直提不上來時，我便會問他們下面幾個問題：

1. 上課時你能認真做筆記嗎？
2. 你認為你在學習中注意力足夠集中嗎？
3. 在課堂中，你能迅速抓住重點知識並加以理解嗎？
4. 你善於歸納彙總所學的重難疑點嗎？
5. 除了學會運用學過的公式定理，你知道它們是如何推演出來的嗎？
6. 你在做練習題的時候是否具有選擇性？
7. 你會制訂學習計畫和學習目標嗎？
8. 你的複習除了做題之外，還有其他學習內容嗎？
9. 你和老師及同學有良好的溝通嗎？
10. 在每次的大小考試中，你能保持著良好的心態嗎？

對於這些問題的答案，回答「是」則給 10 分，「否」則不給分，回答「不一定」的題目給 5 分。各題分數相加後，若總分在 65 分以下，則說明孩子的學習方法需要改進。

許多家長已經意識到學習方法的重要性，當他們希望孩子在學習中成為佼佼者並為此請教成績優秀的孩子時，會發現，每個孩子的成才之道各有不同。於是，很多家長會很迷惑，到底

我的孩子應該選用哪種學習方式呢？其實，選用何種學習方式，關鍵不在這種學習方式有多好，而是在於是否適合孩子自身。

從幼兒園開始，我們就在接受知識，接著邁入小學，踏入國中和高中，往上還有大學等。如果將學習比作一條通天大道，那麼學習方法就是穿在腳上的鞋。只有鞋子合腳，走路才舒適，路也會走得更遠。同樣，有一個適合自己的學習方法，學習效率自然就會提高，學習成績自然突飛猛進。

張悅同學（化名）在所在班級曾多次獲得「優秀好學生」的稱號，可有一段時間，她對學習的積極性下降了許多。她的父親發現這個問題時，並沒有責罵張悅，而是有耐心地觀察她，試著與她談心。後來發現張悅在看一本名為《放鬆式》的講學習方法的書，也就是從使用這種學習方法後，她的學習積極性就一點點下降了。

放鬆式學習方法是眾多學習方法當中的一種，據說很多人因此受益，可是張悅的父親很清楚自己的孩子並不是頭腦十分聰明的孩子，必須腳踏實地的去學習才能取得好成績。不過，他並沒有立刻要求孩子放棄這種學習方法，而是與張悅約定等下次考試成績出來後再說。如果成績下降，那麼她就不能再用這種學習方法了。

一個月後的小測成績出來後，張悅的成績很明顯下降了。這時，父親沒有責罵孩子，心平氣和地說：「孩子，這只是你學習生涯中的一次失誤，源於沒有選對適合自己的學習方法。有

了這次失敗的嘗試，你應該能明確適合自己的學習方法了。」後來，張悅重新選擇了原來的學習方法，並從這次失敗的學習方法中吸取合理的部分，使得適合她的學習方法更加完善。在後來的考試中，她的成績不僅提升來了，還比之前更優秀。

這位父親自始至終都沒有責罵自己的孩子，是因為他知道自家孩子自尊心強，點到為止即可。這種教育方式容易使孩子接受，進而改變學習方法。這位父親其實是我的一位朋友，他也從事教育多年，在教育上有許多獨到的見解。他對這件事還做出了一個結論，要想讓孩子擁有傲人的好成績，家長首先要做到的是理解，然後及時去尋找孩子的問題所在，讓孩子用適合自己的學習方法去學習。

是的，就像有些運動員一樣，他們不一定非要完全按照教練要求的「正確姿勢」來做動作，而是利用最適合自己的姿勢去鍛鍊，最後反而能獲得佳績。孩子的學習也是一樣的，如果只知道循規蹈矩、按部就班地照著那些所謂的「最好的」學習方法來學習，往往不如人意，適合自己才是最好的。

建立錯題集，驟降錯誤率

我們都說犯錯不可怕，可怕的是屢犯不改。在我從事教育的這麼多年裡，「屢犯不改」的學生可不在少數。我這裡要說的

並不是孩子們在生活上的錯誤,而是他們在學習中犯下的錯,這一點往往呈現在做題上。

在從事教學的頭一年裡,我心血來潮地做過這樣一個實驗,我挑選了十道難易適中的題目給班裡的孩子做。不出我所料,簡單的題目大家都會做,而難的題目只有個別同學做出來了。之後,我將所有的題目在課堂上講解了一遍。課後,我詢問孩子們會不會做了,孩子們異口同聲地說會了,我又問下次會不會再錯,大家依舊用響亮的嗓音回答「我不會」。

無疑,孩子們的回答令我感到很欣慰,但我深知,真正能做到的孩子並不多。為了驗證我的預料,隔了半個多月,我又將那 10 道題重新給孩子們做。結果是,我的估計是對的,簡單題目的錯誤率比上次要高,這源於馬虎。難的題目依舊只有少數的孩子會做,不過倒是比上一次多了一些。

孩子怎麼就這麼不長記性呢?明明是前一陣剛剛做錯的題目,今天再拿出來讓他做,居然又做錯了。在學習過程中,小學生出現錯誤並不為過,甚至可以說出錯是正常現象。可是,孩子的錯誤一犯再犯,就是一件令人擔心和發愁的事情了。有的孩子甚至認為既然都難免會錯,乾脆不想去努力做了,甚至不想學習了。

那麼,有什麼解決辦法呢?最佳途徑就是建立錯題集。

想要提升學習成績,一本錯題集必不可少,這是我多次向學生強調的一種學習方法。我們可以將知識分為兩類,一類是

第三章　成績快升：效率，是學業有成的靈魂

已經掌握的，一類是還沒有掌握的。記下掌握的知識點，如果出錯，出錯點在於馬虎。而沒掌握的，不主動去克服，那下次還是不會做。無論哪一種，及時找出自己的薄弱點，進行針對性的練習，避免再犯類似的錯誤，這樣就可以走出錯誤的「陷阱」，輕鬆提高學習成績。

學校週年慶的時候，經常邀請優秀學子返校交流學習經驗。我發現，那些從這裡走出去的學測狀元，10 個中有 9 個都有一本錯題集。他們認為，建立錯題本的初衷是整理當時的心理感受，這道題為什麼會做錯？強化後時時檢視，往往不會再錯，因為下次遇到同類型的題目時，潛意識裡就會想到正確的做法。

其中一個優秀的學子說起自己的學習祕訣時，搬出了厚厚的一疊本子說：

「我之前一直學習不好，做題老出錯。後來在老師的指導下，我開始建立錯題本，把自己的錯題都抄錄在上面。透過錯題本的使用，我可以更準確地了解到容易出錯的知識點及概念，漸漸地錯誤越來越少，自然也就提高了學習成績」。

既然錯題集有如此妙處，那該怎麼建立呢？

方法一：一科一本，分門別類

在建立錯題集前，我們首先要考慮的是，錯題集上該記錄怎樣的題目？這裡可分為三種：不會做的題目、模稜兩可，似

是而非的題目、會做卻做錯了的題目。另外，錯題集是專門用來記錄錯題的本子，它需要分門分類，最好是每一科有一個專門的記錄錯題的筆記本，不可以與其他作業本混用。

方法二：抄錄錯題，分析原因

將做錯的原題一字不落地抄在錯題本上後，寫下原來錯誤的解法，然後在空白處分析做錯的原因，究竟是答題失誤，還是思維方法的錯誤？這一點十分關鍵。

例如，國文詩句填空「黃河遠上白雲間，一片孤城萬仞山」中，其中只錯一個「仞」字。改錯時，也應將整個句子抄下來，這樣複習時才知道錯在哪裡。

方法三：改錯糾正，彙整思路

一些學生也在使用錯題集，可是卻感覺沒有效果，關鍵原因是沒有反省與檢討。所以，弄清每一道題目的錯誤原因，將正確的解法寫下來後，我們還需要反省一下題目的知識點和思路。如果一道題目有多種解法，絕不能偷懶，要用其他色彩的筆寫下，這樣不僅能加深對錯題的印象，還能幫助從錯誤中整理歸納。

方法四：隨時攜帶，定期複習

錯題集存在的意義就是理解錯題，寫完以後千萬不能束之高閣。如果只知道記錄錯題，而不去翻閱，那麼製作錯題集就真的成了浪費時間。所以，我們要經常攜帶，隨時拿出來歸類、分析、複習，不厭其煩地再學習、再理解、再整理、再提高。這樣才能更深刻地理解知識點，運用起來也會得心應手。

沒有人喜歡犯錯，更沒有人願意天天去改錯，所以，我把錯題本換了一個好聽的名字——百寶箱。這就意味著錯題不是麻煩，不是痛苦，而是寶貝。找到一道錯題，等於發現一個寶貝，改正一道錯題，等於挖到一個寶貝。錯題解決得越多，漏洞就補得越多，成績就越好，這是任何資料都無法比擬的。

玩時盡興玩，學時盡心學

學習是孩子成長過程中必不可少的一個階段，而玩耍更是他們的一種天性。我經常和大家強調一點，孩子的生活不能天天只有學習，還要加上「玩」這一項。

「我的孩子平時太貪玩了，就是因為太愛玩，才導致學習成績跟不上」，不少父母經常和我這樣抱怨孩子。可是，玩和學習真的對立嗎？玩看起來這麼「十惡不赦」的事，對孩子到底有什

麼樣的幫助？許多家長從未認真地思考過這個問題，那麼今天就請聽我給你們分析一下為什麼玩如此重要。

當我們問孩子讓他們最開心的事情是什麼時，有人說是捉迷藏、跳房子、打怪獸、丟手絹、跳繩、踢球，或是一些與虛構世界有關的遊戲形式：演戲、扮家家酒、建造自己的堡壘、扮裝遊戲……「玩」是自由的，可以使孩子獲得童年該有的簡單快樂。我們回憶自己的童年時，快樂的感覺也往往來自玩耍的時光。

除此之外，「玩」更可以提升孩子心智，發展孩子的各種能力和特質。例如，在玩的過程中，孩子需要去觀察、認知和理解不同物品的各種特點，需要學會與別人相處，對自己有要求、有控制，有時候還要限制自己的行為，根據遊戲的規則行事，更需要不斷地去嘗試、思考，學會做出決定、解決問題等。

玩，既是孩子的生活方式，也是孩子的學習途徑。所以，當父母拒絕了孩子的玩耍請求時，我們拒絕的不僅是孩子快樂的泉源，更是孩子學習成長的好機會。學習是必要的，玩也是不可缺少的，在我看來最好的方法就是，要學就學個踏實，要玩就玩個痛快，這樣學習起來才會有效率，才可能有好成績。

一節課有 45 分鐘，在課堂上，孩子要進行大量的思考。他們要開動腦筋、回答問題、記憶老師所講的知識等等，這都需要耗費不少的精力。所以，這才有了課間休息的時間。這個時間是給孩子放鬆的，讓孩子沒有任何負擔地玩耍，所以我會鼓

第三章　成績快升：效率，是學業有成的靈魂

勵學生們走出去，好好玩。因為，在上課的時候還想著玩，那樣就學不到知識；如果在下課玩耍時，還想著自己的作業沒有完成，玩起來也不會真正快樂。

在培養兒子「專心學、痛快玩」的好習慣上，我也曾費了不少心思，相信這種做法在很多孩子身上都適用。

兒子剛上一年級的時候，我就發現他有這樣一個壞習慣：那就是老是控制不住自己，寫作業的時候總是不由自主地去玩，一下子偷偷玩拼圖，一下子摸出漫畫書再翻一翻……因為剛剛上小學，老師每天安排的作業並不多，一個小時的時間足夠他寫完，可是他經常兩、三小時才完成，而且作業品質不盡如人意。

一開始，我幾乎每天都要說兒子，指出這種學習方法是非常不好的，學習的時候必須要專心才行。有時為了讓孩子好好學，我也會有意將那些學習之外的東西收起來，但也深知不讓孩子玩耍並不是最好的解決辦法。怎麼辦？一次假期見兒子依舊這樣學習，我有所行動了，開始收拾出門必備物品。

兒子立刻上鉤了，好奇地問：「媽媽，你要去哪裡」？

我說：「我和你爸爸難得放假，我們決定去外縣市的樂園玩一趟。」兒子一聽興奮極了，吵著鬧著要跟著。

我故意搖頭：「現在你不能去，放假都已經兩天了，你的作業還沒寫完呢。我們計劃這次玩三天，除非你已經寫好作業了才可以去」。

孩子太想去樂園玩了，他急忙說：「媽媽，老師安排的作業不多，我一晚上就能寫完。」他本以為我會不帶他去，哪知道我一口答應了，兒子不知道已經掉入我設下的「陷阱」中。

第一天的時候，兒子還一臉好奇，玩得也算開心。可是到了第三天時，看什麼都心不在焉了，一個勁兒地問什麼時候回去。我故意問他為什麼著急回家，兒子說作業還沒有寫完，再不寫就來不及了。那天直到晚上9點鐘才到家，孩子著急地寫了一晚上作業。作業是寫完了，可是錯了好幾道題，又得重新寫。

我並沒有責罵兒子，而是問他：「在樂園時，你玩得開心嗎？」兒子搖頭：「一點也不開心」。

「為什麼呢？」我故意問。

「因為我心裡惦記著作業還沒有寫完。」孩子雖然小，但心裡清楚得很。

我這才開始說道理給他聽：「你看，老師安排的作業量是7天的，如果每天完成一點，你玩也玩得開心，作業品質也有保證。可是，你玩耍過頭，硬是將7天的作業量用一個晚上去完成，不僅玩的時候不開心，作業也寫得一塌糊塗」。

兒子垂下了腦袋：「媽媽，我知道錯了」。

我很欣慰，意味深長地說：「孩子，媽媽從來不反對你玩耍，反而，媽媽還提倡玩耍的時候要痛快玩，可是學習時，我們也要一心一意地去學習」。

第三章　成績快升：效率，是學業有成的靈魂

從那以後，兒子再也沒有一邊寫作業一邊玩的壞習慣了。如果碰上外出遊玩，他也會早早將作業寫好，或是將作業帶著。

愛玩是孩子的天性，特別是在小學階段。我們要尊重孩子的這種天性，給予他們充足的娛樂時間。在這個前提下，要讓孩子明白玩耍歸玩耍、學習歸學習的道理，平衡好「玩」與「學」的關係，這樣才會玩耍學習兩不誤。

查缺補漏，溫故而知新

陳鼇鼇（化名）的父母十分嚴厲，他們對他的學習也很注重，總是不停地要求他學習新知識，希望他能有一個好成績。可是事與願違，隨著他升學的年級越來越高，學習壓力越來越大，成績也越來越差，甚至有一段時間出現了拒學的情緒。這下陳鼇鼇的父母更加著急了，他們很疑惑，孩子每天都有認真地學習，成績怎麼就是不理想呢？帶著這個疑問，他們焦急地來到學校向我進行詢問。

其實陳鼇鼇的學習情況我注意一段時間了，發現陳鼇鼇之所以學習效率不高，和他平時只顧著學習新知識而沒有回頭查缺補漏有很大關係。學習上的漏洞不及時彌補，漏洞會越來越多，越來越大，繼而很容易掉在漏洞之中，陷入「學習難」的深淵。所以，想要提高學習效率，首先就要學會查缺補漏。

之後，我開始嘗試著教陳鼕鼕查缺補漏的學習方法。比如，學習一段時間後，我會引導他想一想哪些知識自己還沒有掌握，找出自己比較弱的方面，然後再及時地彌補這些知識點；每次寫作業，讓他必須自己檢查，看看有沒有漏做、漏答的題目，必須確定無缺或補漏後才能交出去……經過一段時間的學習，他的成績開始提升了，學習也越來越帶勁。

在學習方面，不少家長都十分注重讓孩子學習新知識，希望孩子在短時間內把成績迅速地提上去。但在我看來，學習的難點不在於掌握了多少知識，而是在於能否及時地查缺補漏。什麼是查缺補漏呢？其實就是找出哪些知識點是自己的弱項，哪些知識點是自己還沒有完全掌握的。

每一個學生聽的都是一樣的課，學習的也是一樣的內容，不過學習中存在的問題和遺漏是不同的。學得好不好，關鍵就看這些問題了解了多少、漏洞填補了多少。至於如何去填補那些漏洞，要有計畫和有步驟地去進行。如果將以前學習的知識全都了解，使自己的知識系統完善，也就能在穩紮穩打中提高成績了。

該怎麼去查缺補漏呢？一般來說，有以下幾種方法：

一、從知識點出發

學習的前提和基礎就是要全面、準確地掌握和理解每一個知識點，如果對知識點掌握不夠，理解不透澈，在運用時會力

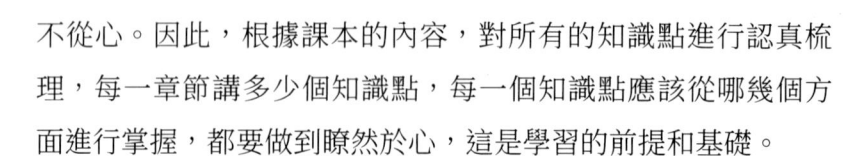

第三章　成績快升：效率，是學業有成的靈魂

不從心。因此，根據課本的內容，對所有的知識點進行認真梳理，每一章節講多少個知識點，每一個知識點應該從哪幾個方面進行掌握，都要做到瞭然於心，這是學習的前提和基礎。

比如，學習小學數學「加減乘除」這一個領域時，要對其中的每一個知識點「加法」、「減法」、「乘法」、「除法」認真掌握。如果認為某些知識點不重要，可以置之不理的話，在學習過程中就可能出現漏洞，不能靈活和綜合運用知識，解題時就容易失分了。

二、用做題來查漏

學生們學習的每一個知識點都被融於題目當中，做題是檢驗是否掌握知識點的重要手段。當學生明白自己的薄弱點後，再進行補缺，學習才會扎實。

所以，課堂上我一般會選擇三至四套正規出版社的模擬試題，每週讓學生們至少做兩遍。當進行完兩週左右的模擬題訓練後，學生們對自己的強弱點一般都可以有所掌握。接連幾套題出現同一個知識點的錯誤，就是所暴露出來的知識漏洞。如果對比答案後離預想的成績差太多，我會讓學生們及時回歸到教材中去，以簡單及中等難度的題目進行一些練習，最好是從書上的例題開始。基礎性的東西遺漏太多，證明孩子還沒有真正理解教材的內容，需要把基礎知識上的漏洞補上。

有研究證明，要真正記住新的知識和資訊，一般人需要重

複 7 遍才能永久記住。對一些容易遺漏或不會的問題，我也不會認為學生一次做對了就是真會了，而是督促學生不斷重複地去做。例如，有時候我會讓學生們重複做上週的試題，這樣可以加強他們對知識的記憶，確保以後遇到了都會做。

三、提高標準要求

如果孩子在學習上不能高標準、嚴要求，看不到自己的不足和差距，也就不能做到認真仔細地查缺補漏。所以，無論是老師還是家長，都應該注意孩子在學習和生活中對自己的要求是否過低，協助、督促孩子對自身的要求盡量做到精益求精。這樣一來，孩子就可以自主地發現自己的問題，並及時進行彌補或修正了。

第三章　成績快升：效率，是學業有成的靈魂

第四章　雕文織採：
這樣學國文，妙筆能生花

在教學過程中，許多孩子抱怨國文太難學。其實，國文具有開放性，我們的生活離不開國文，到哪裡都會用到它。此外，國文也是一門感性的學科，老師帶著感情教，才能教好；孩子帶著感情學，才能學好。死板地學知識，是很多孩子無法學好國文的重要原因。

第四章　雕文織採：這樣學國文，妙筆能生花

了解課文，輕鬆學好國文

每一本國文課本都是由許多課文構成，每一次國文課上都會學習這些課文。在這些課文中，學生可以學習到許多知識，比如辨認生字詞，學習寫作手法，賞析精彩句子，了解中文的特點和精髓等等。課文中的知識點，也會出現在國文試卷中。學得好，分數才能拿得高。

李笑笑（化名）是我班上的學生，在升學會考時，國文幾乎考了滿分，只有作文象徵性地被扣了一分。其實，她的國文成績是在最後一年提升的，在此之前，國文成績處於中上水準。她是怎麼在這麼短的時間內提高國文成績的呢？原來，李笑笑鑽研出了學好國文的方法，那就是了解國文課文。

據我了解，李笑笑觀察過很多國文試卷，整理出試卷中的基礎知識題都來自課文，只要留心課文中細微之處的知識點，就不難拿高分。課外閱讀雖然是沒有見過的文章，但賞析手法也是在課本裡的文章內出現過的。只要按照閱讀課本時的方式去理解，就能大致回答正確。至於作文，寫作時運用課文中賞析和累積的名句，就能得到高分。

分析一篇課文是一個學生應該具備的基本能力。學好國文，就是要了解課文。了解國文課文中的每一個知識點，國文成績自然能得高分。

那麼,該怎樣去了解一篇課文?主要有以下幾個步驟:

第一步:初讀課文

當孩子拿到一篇課文時,首先讓他們將課文通讀一遍。在閱讀時,了解文章的大意,掌握文章的整體內容。遇到生字和生詞時,結合上下文去理解,實在理解不了,再去查字典或利用工具書。同時,要對文章的語言、作者寫作思路、寫作目的有一個大體的了解。掌握了這些後,再進一步理解課文。

第二步:細讀課文

細讀課文時,要劃分段落。仔細讀每一個句子,弄清楚句子所表達的意思。根據句與句的關係,理解每個段落的內文大意。再透過段落與段落的關係,理解整篇文章的大意。需要注意的是,孩子在閱讀中,要善於發現問題。遇到問題先試著自己去解決,如果解決不了,可以藉助工具書,工具書還解決不了,可以去問老師。

第三步:精讀課文

在理解課文內容的基礎上,抓住課文的重點。這裡的重點包括:課文的開頭和結尾、寫作手法、語言特色、描寫手法、主題中心等。

第四章　雕文織採：這樣學國文，妙筆能生花

第四步：熟讀課文

反覆去閱讀課文，內化理解，將課文中的語言變成自己的語言。尤其是那些優美的字、詞、段，先要去理解其所表達的意思和蘊含的思想感情，然後再熟記於心、靈活運用。

國文成績好，累積很重要

國文是一門需要累積的學科，知識累積得足夠多，才能考出一個好成績。在這裡，我打一個具體的比喻，國文這門學科是一棟巍峨的高樓，牆壁上的磚磚瓦瓦就是一個個的知識點，而堆積高樓的過程則是對國文知識點的累積。累積得少，大樓根基不穩，容易坍塌；累積得多，才穩如泰山，堅不可摧。

在多年的教學經驗中，我發現有些孩子的國文成績之所以糟糕，原因在於平時的知識點累積不夠。沒有「金剛鑽」，又怎麼攬得了「瓷器活」？

我曾經教過一個特別聰明的男孩，他的數學成績特別好，每次考試都名列前茅，還經常代表學校參加數學競賽，獲得許多不錯的名次。可是讓人納悶的是，這麼一個聰明孩子就是學不好國文，在班裡每次國文考試成績都倒數。

觀察這個孩子一段時間後，我發現，他將所有的時間都用

在鑽研數學上，對國文卻漠不關心，不僅上課不認真聽講，課了下也不去複習。等到快要考試了，才拿起國文書，臨時抱佛腳地看一下。再看他的答題卷，一些基本的古詩詞都寫錯了。用這個態度學習國文，難怪次次考倒數。

後來，我專門找這個孩子談話，讓他端正對國文的學習態度。讓他明白，國文是一門語言學科，它和數學不一樣，國文要日積月累地去學習，成績才能上升。幸好，他是一個聽話的孩子，經過一段時間的學習和累積，國文成績有了明顯提高。

古人云：不積跬步，無以至千里；不積小流，無以成江海。既然國文是一門需要累積的學科，那麼具體需要累積些什麼呢？簡而言之，需要累積的是字詞、古詩詞、名言名句、閱讀方法、寫作技巧等等。

有這樣幾種累積國文知識的途徑：

一、從生活中取用素材

生活是多姿多彩的，國文已融入其中。想讓孩子學好國文，得讓孩子學會將國文與生活緊密結合，從生活中來，到生活中去。如此，孩子就會從生活中發現無限精彩的知識和素材。我有一個朋友是著名的作家，有一次我們聚在一起吃飯時，他看到選單上的菜名起得很有趣，於是就將這些菜名記在隨身攜帶的本子上。我很好奇，就問他為什麼會有帶本子的習慣，這本子上又記了些什麼呢？他回答，他可以記一些與人交談中的妙

語連珠，可以記下突然迸發出來的靈感詞句，還可以記下特別的事物等。

我們的孩子不需要與這位作家一般，但最起碼要養成一個善於觀察生活、勤於思考的習慣。因為，國文就是生活，而熱愛生活是累積國文知識的最好途徑。

二、從課堂和練習中累積知識

每一位老師上課時教給學生的知識都是經過篩選後的精華，所以學生們要認真對待每一節國文課，認真掌握好老師教的每一個知識。另外，課本是累積知識的第一陣地，無論是基礎學習，還是綜合複習，絕不能拋開課本。在課本上，可以學到大量的字形字音、古詩詞、寫作技巧等。此外，練習也必不可少，因為練習中有許多沒有見過的新知識，以及看不到摸不到的財富──解題技巧。比如詩詞賞析，從練習中，可以整理出常用的表達方式。透過聽課和練習，掌握基礎知識和延伸知識，國文才能有個好成績。

三、從課外閱讀中累積知識

知識猶如一片汪洋，讓孩子在知識的海洋中暢遊一番，就會發現原本寫作磕磕絆絆的他們居然能一氣呵成地寫出一篇好文章。博覽群書是累積知識的有效途徑，它能潛移默化地提高孩子們的閱讀能力和語言綜合能力。閱讀量高了，國文水準自

然就提高了。當然,看書並不是胡亂地去看,應該要有選擇性地去看。家長可以給孩子挑選一些優秀、有益的書籍。在閱讀時,讓孩子們做一些筆記,摘錄其中的精彩語句和有用的知識點,時不時翻一翻,以此加深印象。如果遇到難以理解的,可以請教老師或同學。

國文的學習不是一朝一夕能夠學好的,不可一蹴而就,只有長期的累積才能看到成效。累積需要大量的閱讀和背誦,所以當我們閒暇時,不妨陪著孩子一同閱讀優秀的書籍和文章,一點一滴地去累積。只要特意對孩子進行這方面的訓練,想得多,寫得多,用得多,國文水準自然而然就上去了。

學好近義詞,文底才扎實

在小學國文課程中,近義詞和反義詞是小學國文課程中的難點,也是重要的題型之一。我們的小學生在寫作文、造句時,需要經常使用近義詞和反義詞,可以說它們對表達文章思想有著關鍵的作用。所以,要想提升孩子們的國文成績,掌握近義詞和反義詞非常必要。

近義詞又有「同義詞」之稱,它是指詞語意思相同或相近的詞。比如「美麗與漂亮」、「枯萎與乾枯」、「寬敞與寬闊」等。可以說,漢語中的近義詞就像花園中的花朵,繽紛多彩,只要運

第四章　雕文織採：這樣學國文，妙筆能生花

用恰當，就能充分地表達出文章的中心思想，使文章熠熠生輝。

不同的近義詞能夠表達出不同的情感，在使用近義詞時，一定要精心挑選。但是，許多學生考試時都容易在近義詞這部分吃虧，不是找不出對應的近義詞，就是搞不清楚一些近義詞的意思。這是什麼原因呢？歸根結柢還是沒有完全掌握找近義詞的方法。

我這裡有兩種方法來找近義詞。

方法一：找詞眼

如果仔細觀察會發現，許多近義詞都有一個共同的特點，就是它們當中往往有一個相同的字，我們稱之為「詞眼」。例如：疲憊、疲乏、疲倦。這一組詞的詞眼為「疲」，三個詞都表示「累」的意思。這些近義詞共有的詞眼決定它們的基本意思相同，因此在找近義詞時，可以從詞眼下手，用它來組詞。例如「讚揚」的近義詞，將「讚」作為詞眼，組成的詞有「讚賞」，或者用「揚」來做詞眼，組成的詞有「表揚」、「頌揚」等。

方法二：抓詞義

顧名思義，抓詞義就是先弄清楚這個詞的意思，然後找出與它意思相同或相近的詞語。比如找出「輕視」的近義詞。首先，要弄明白「輕視」的意思為「看不起」，再想一想還有哪些詞

的意思與「看不起」相近或相同。不難想出,「輕蔑」和「蔑視」都有看不起的意思,所以這兩個詞就是「輕視」的近義詞。

學好近義詞並不難,除了掌握一些技巧外,最重要的是讓孩子們擴大自己的閱讀量,慢慢地累積詞彙。詞彙累積多了,才能在看到一個詞時,快速準確地說出它的近義詞。

精通反義詞,寫作不缺詞

反義詞是指兩個意思相反、對立的詞,這其中又分為絕對反義詞和相對反義詞。

絕對反義詞是指兩個詞之間為非此即彼的關係,中間不能加入其他詞,也不可在程度上切分,比如「真與假」、「動與靜」。因為這世上的事物,不是真的,就是假的;不是動態的,就是靜止的,沒有第三種情況存在。

相對反義詞是指兩個詞之間存在中間詞,比如「上與下」、「大與小」等,在「上」與「下」之間還有「中」,而「大」與「小」這對反義詞之間有「不大不小」。

運用反義詞,可以揭示事物之間的差異,進而形成鮮明的對比,展示事物各自的特點,也能強調語氣,加深語言的渲染力。

例如名言:虛心使人進步,驕傲使人落後。這其中有兩組

反義詞:「虛心與驕傲」、「進步與落後」。兩組詞對比後,意思十分突出,能使人快速地記住並了解、感悟名言的含義。

那麼,孩子們該如何學好反義詞呢?我在這裡提供三種方法。

方法一:抓詞眼的反義

比如「前進」一詞的詞眼分別為「前」和「進」;「前」的反義是「後」,「進」的反義為「退」,因此,「前進」的反義詞是「後退」。

方法二:先否定原詞,再找反義詞

以「生疏」一詞為例子,它否定的意思為「不生疏」。表達「不生疏」意思的詞語為「熟悉」,所以「生疏」的反義詞則是「熟悉」。再比如「喜歡」,它的否定意思為「不喜歡」,不喜歡則是「討厭」,所以「喜歡」的反義詞為「討厭」。

方法三:從具體語境中找反義詞

一個詞所對應的反義詞並不是獨一無二的,比如「老」的反義詞,它就有「少」、「幼」、「新」、「嫩」等詞。因此,在找這類詞的反義詞時,不能用以上兩種方法,而是要根據具體的語言環境來確定反義詞。

在確定反義詞的時候,還要注意以下問題:

第一，反義詞一定是反映同一範圍裡的詞。如「早與晚」、「黑與白」、「贊同與反對」，它們分別代表了時間、顏色與態度。

第二，詞與片語不能構成反義詞。比如「壞與不壞」，儘管它們的意思相反，但是卻不能組成一對反義詞，因為「壞」是個詞，而「不壞」是一個短語。第三，並不是所有的詞語都有反義詞。比如我們生活中的物品「燈」、「手錶」，等等，它們都沒有反義詞，當然也沒必要去找它們的反義詞。

反義詞的掌握方法與近義詞相同，同樣是擴大閱讀量，多多累積詞彙。我還有一個建議，家長們不妨幫助孩子將他們小學時期常考的近反義詞做個彙總，列印下來，便於孩子們隨時翻閱和複習。

想要用好成語，先看成語故事

成語具有中國傳統文化的特色，它有固定的結構和說法，代表著一定的意義。無論在學習，還是在生活中，它都與我們形影不離。成語是中華詞庫中的精髓，所以也常常出現在國文試卷中，比如試卷中會經常考成語的正反義詞，閱讀題中也有寫出或選擇成語意思的題目，作文中更是少不了可以加分的成語。

然而，一些學生對成語學習沒什麼興趣，腦子中的成語少得可憐，不會使用成語幫自己加分；或不懂成語的意思，盲目

第四章　雕文織採：這樣學國文，妙筆能生花

胡亂地使用，鬧出不少讓人啼笑皆非的笑話。

在這裡，我想和大家分享一篇短文，內容是這樣寫的：

我的家有三位成員：爸爸，媽媽和我。每天吃過早飯後，我們就分道揚鑣，晚上又殊途同歸。爸爸是一位建築師，他每天在工地上比手畫腳；媽媽是一名銷售員，每天在商店裡招搖撞騙；我是一名學生，每天在教室裡目瞪口呆、充耳不聞。我們一家三口臭味相投，家中一團和氣。但是，在我成績考不好的時候，爸爸也會同室操戈，心狠手辣地揍得我遍體鱗傷。至於媽媽，她則會站在一旁視若無睹，從來不曾有見義勇為的時候。雖然爸爸揍得我五體投地，媽媽助紂為虐，但我知道他們是為我好。

這一篇字數不多的短文運用了許多成語，不了解這些成語意思的人也許會覺得這篇短文寫得真好，文采斐然。但是知道這些成語意思的，只會覺得這篇短文寫得狗屁不通。

在成語的學習上，我向來不贊成用死記硬背的方式去記憶，這種記憶很短暫，時間稍久就會忘記。

所以，我有以下幾點建議：

一、根據典故去學習

成語中很大一部分都是從古代流傳下來的，它代表了一個故事或典故。孩子們在學習成語時，不妨先讓他們了解一下典

故的來龍去脈。比如畫龍點睛、精衛填海、揠苗助長等成語，它們都是有故事的。孩子們一旦對這些故事內容熟悉了，成語自然而然就能記住。同時，這種學習方法有趣、不枯燥，能讓孩子們記憶深刻。

二、多看文章

　　一篇優秀的文章不乏成語的身影，特別是在一些古典小說和現代雜文當中，那些文學大家對於成語的使用都是爐火純青的，著實令人嘆服。當我們的孩子閱讀一篇文章時，不妨讓他們找一找文章中的成語，並連繫上下文理解其意思。不確定或不懂的成語，可以藉助成語字典。如果想加深孩子們對成語的印象，可以讓他們嘗試用成語造句子。

三、學以致用

　　學成語，最重要的就是學會使用。語言總是要落到實處，成語更是如此。當孩子了解一個成語的意思後，不能將其丟在一旁。應該讓他們根據自己的理解，靈活地運用到文章或語言表達之中。用得越多，成語就會記得越牢固。家長們需要注意的是，一定要告訴孩子不要怕用錯成語。因為，用錯成語是一件很平常的事。只有用錯了，才有機會被改正。這個成語會在他們的腦海中生根發芽，再也不會輕易用錯。

　　成語多如牛毛，掌握全部的成語是不切實際的，但可以讓

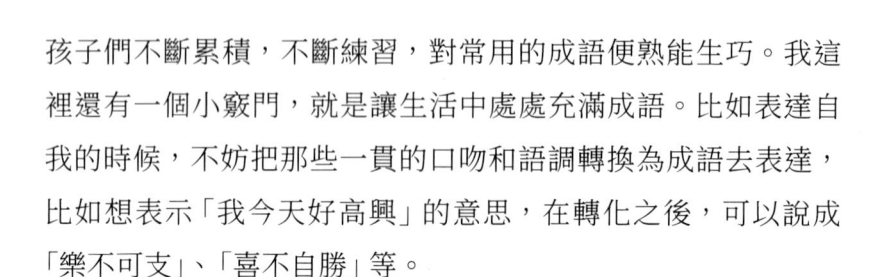

第四章 雕文織採：這樣學國文，妙筆能生花

孩子們不斷累積，不斷練習，對常用的成語便熟能生巧。我這裡還有一個小竅門，就是讓生活中處處充滿成語。比如表達自我的時候，不妨把那些一貫的口吻和語調轉換為成語去表達，比如想表示「我今天好高興」的意思，在轉化之後，可以說成「樂不可支」、「喜不自勝」等。

「大家來找碴」，讓錯字無處可藏

在實際教學中，我發現學生寫錯別字的情況經常發生。如有學生把「弋」寫成「戈」，將「建議」寫成「建意」，其中「意」就是錯別字。有時隨手翻開學生的作文、日記或作業，可以見到各式各樣的錯別字，更誇張的是，有的一句話裡面竟然出現四、五個錯別字。可以說，學生寫錯別字成了國文老師最為頭痛的事。所以，這一節我就來說一說錯別字。

在文章開始之前，先來看一個有趣的小故事：

北宋時期，有一個家住杭州，名叫白文秀的人，他聽說大學士蘇東坡常常與一些文人雅士吟詩作對，心生羨慕之餘，也想去湊湊熱鬧。可惜白文秀學識不足，為此他拾人牙慧，東拼西湊地寫了一篇文章。這一天，他興高采烈地去求見蘇東坡，捧著自己的文章說道：「拙作一篇，請老師指點指點。」

蘇東坡接過文章，一看標題，大惑不解，心想：「讀《過泰

論》是什麼意思？」絞盡腦汁後才知道，原來白文秀將「秦」字寫成了「泰」字。他笑著說：

「當年秦朝發生了災難，大水淹沒了莊稼。」這其實是個幽默的笑話，暗指白文秀將「秦」字下面的「禾」字寫成了「水」。奈何，白文秀沒有聽出來，反而對蘇東坡說的話連連稱道。

蘇東坡繼續看文章，發現文章不僅文理不通，而且錯字連篇，實在是大倒胃口，於是將文章還給了白文秀。白文秀心想，這篇文章可是自己費了好大的「心思」才寫好的，如果蘇東坡給自己的文章寫幾句評語，這樣日後也能炫耀一番，於是央求蘇東坡給他評價一下，並說：「勞罵，勞罵！」他將「勞駕」念作了「勞罵」。

蘇東坡覺得又好氣又好笑，在文章的空白處寫了九個大字：此文有高山滾石之妙！

白文秀喜不自勝，連忙感謝之後，到處炫耀蘇東坡寫給他的評語，可是奇怪的是，每次別人看過之後都不會露出羨慕誇獎的神情，而是嬉笑一番，露出不屑的神色。白文秀越想越奇怪，硬是拉著別人問為什麼。其中有一個人被他纏得不耐煩了，沒好氣地說：「你只曉得到處去炫耀，可知道這評語是什麼意思？」

「什麼意思呀？」白文秀學識有限，他自然不知道。

「你想一想，石頭從高山上滾下來是什麼聲音？」

「撲通，撲通。」

第四章 雕文織採：這樣學國文，妙筆能生花

「這不就得了，蘇大學士是在說你的文章『不通不通』呀！」頓時，白文秀羞愧得無地自容。

這是一個關於錯字而引起的笑話，從這個故事當中，可以了解古代文人寫文章出現錯別字是一件很難為情的事。

一張國文試卷當中，即便是再優秀的學生也容易出現寫錯字的情況。那麼，造成錯別字的原因是什麼呢？又該如何更正呢？

從客觀因素來說，學生出現錯別字的原因有兩種：

第一種：因形致誤

漢字多，模樣相似而且同音的字又多，確實容易混淆，不好區分。且大多漢字意思、用法不止一兩種，給學生學習漢字帶來很大難度。日常生活中大人、老師也會出錯，更何況小孩子呢？比如「謄寫」的「謄」字，不少同學常常寫成「榮譽」的「譽」字，又如「如火如荼」的「荼」字，經常會寫成「茶」字。

細節決定成敗，這類錯字通常都是忽視文字的細節而產生的。這裡的細節可以說是沒有用心去記憶字形，或是性格馬虎，寫的時候信手拈來等等。不過，這種錯別字的解決方法很簡單，只要掌握好字的相關知識即可。舉一組例子：

「海、悔、誨」。「海」字的偏旁是「氵」，與水有關，常指大海，海水；

「悔」的偏旁為「忄」，與人的心情有關，有後悔、懊悔之

意;「誨」的偏旁為「言」,與說話有關,有教導的意思。掌握了這些字的基本資訊後,那就不會寫錯了。

第二種:音近致誤

對學生來說,這種錯誤是最常見的,因為兩個字的讀音相同而出現錯誤。學生在考試時很難檢查出這樣的錯誤,一來時間緊迫,二來在寫漢字時,先想到的是「音」,後想到的是「形」。所以,如果漢字的音、形都接近的話,那麼出現的錯誤率更高,比如將「九州」寫成「九洲」,將「競」寫成「竟」,將「暑假」寫成「署假」等。

對於這種錯別字,解決方法是要與漢字的「音、形、義」相結合。首先知道字的意思,然後根據字義來選擇正確的偏旁部首,最後再檢查字的拼音。舉一組例子:「載、栽、裁」,這幾個字出現錯誤的機率極高,許多學生都會將「體裁」的「裁」寫成「栽花」的「栽」字或「裝載」的「載」字。所以,為了區分它們,首先要知道這三個字的意思和使用場合。仔細觀察一下,「載、栽、裁」三個字的主要區別是左下角的「車、木、衣」。由此可見,「載」與車有關,「栽」與樹木有關,「裁」與衣服有關,這樣它們的使用場合就一清二楚了,容易出錯的難題也迎刃而解。

至於造成錯別字的主觀因素,一來是粗心大意、注意力不集中;二來是行為習慣。

第四章　雕文織採：這樣學國文，妙筆能生花

　　許多學生讀書時，都是小和尚唸經——有口無心。不是認不清、記不住新詞的筆畫，就是書寫時馬虎、不認真。所以，寫下的錯別字不是多一筆就是少一筆，或者該彎的時候直，該直的時候彎。另外，小學生的自制力不強，意志力薄弱，寫作業時常常定不下心，心浮氣躁就容易寫錯字。此外，遇到寫不出來的字時，不是急著去查字典，而是空著或用形聲字代替。這種不好的習慣與態度會導致出現錯別字的機率極高。杜絕這類出錯，最重要的就是要改變壞習慣。這時，不妨讓孩子靜下心來讀讀書，耐著性子練練字等。

　　啄木鳥在遇到生病的樹木時，牠會用嘴巴去幫大樹治病。我們的家長一定要提醒孩子，在遇到錯別字時千萬不能棄之不管，要讓孩子學會當一個小小的「醫生」，主動找出它的正確寫法。我相信，探究出孩子錯別字產生的根源，及時採取一些有效的措施，不斷提高他們辨識錯別字的能力，那麼寫錯別字的現象就會越來越少。

趣味記憶法，把「生字」刻在心裡

　　有這麼一個有趣的事情，曾經我的一位同事在教學生們學習「吃」字的時候遇到了難題，因為許多學生都將「吃」字寫成了「口气」。這讓他頭痛不已，絞盡腦汁地想著怎樣才能讓學生

們避免出現這種錯誤。於是，他讓寫對的學生講一講自己的記憶技巧。

其中有一個學生的記憶技巧最讓人記憶深刻，他說：「我們吃飯的時候，如果有一根筷子橫在嘴裡，那還怎麼吃飯呢？」他說的「筷子」其實就是「气」字中間一橫。因為這位學生的記憶技巧，他班裡的學生再也沒將「吃」字寫錯過了。

小學國文中，最重要的一個部分就是學習生字。可是對小學生來說，整個小學階段要學習的生字太多了，有不少難學、難記、難寫可偏偏又不能不學、不記、不寫的字。那麼，有沒有什麼方法能讓孩子們將生字學得快、記得牢、寫得容易呢？方法肯定是有的，我有幾種有趣且比較實用的方法。

方法一：謎語記憶法

在一節國文課上，有一位老師讓同學們回憶以前學習過的生字。這時，有一位同學站了起來，說：「我說一個謎語給大家猜一猜：太陽聽音樂，猜一個字。」同學們你看看我，我看看你，交頭接耳一番後，有個同學自信滿滿地說：

「是『暗』字。」

為什麼是「暗」字呢？

原來，「暗」的左邊是「日」字，日就是太陽，而右邊則是「音」字，也就是音樂。合起來就成了「太陽聽音樂」。

第四章 雕文織採：這樣學國文，妙筆能生花

這種猜謎記字法，新穎而有趣，形象而生動。我們的家長可以編一些猜字謎語，可以根據字的形或義去編。比如，「兩人坐在土堆上」，謎底是「坐」字；「三人一日遊」，謎底是「春」字；「一木口中栽，非杏也非呆」，謎底是「束」字，而且這個謎語還順便學習了「杏、呆、束」三個字。

謎語記字法不僅能讓孩子牢記生字，還能激發學習生字的興趣。這種謎語記字法也能當作遊戲來玩，孩子可以在下課時間或課外活動與同學們一起玩，也可以在家中與父母玩，玩樂的同時還能學習知識，何樂而不為呢！

方法二：故事記憶法

相對於成年人來說，孩子的想像力更豐富。家長可以根據他們愛幻想的特點來編一些與生字有關的小故事。把生字的每一個筆畫當作人或物，讓它們融於故事中變得生動，孩子就能快速把生字記到腦海中。

舉一些例子，比如「到」字，我們可以這樣編：「撇折點」是一個大英雄，他頭上戴著一頂「小橫帽」，腳踩「提土形」風火輪，右手拿著一把鋒利的大刀，誰有困難，他就去幫助誰。

再如複雜的「裹」和「葬」字，前者可以這樣編：有一個小孩在山林裡摘了不少野果子，可是不好拿回家。怎麼辦？他靈機一動，脫下自己的衣服包起果子，然後高高興興的回家了。這就是「果」字之所以在「衣」字裡的緣故。後者可以這樣編：

人死了之後要埋在深坑裡,時間長了,坑上的土長出了草。

以上幾個例子都是根據字義和字形來編的短故事,孩子們既能記住生字,又能記住字的意思。家長也可以放手讓孩子自己用生字編小故事,這樣能鍛鍊他們的想像能力和寫作能力。

方法三:比較記憶法

所謂比較記憶法,顧名思義就是根據文字的形、音、義的對比來記。

舉一組例子:跑、抱、袍、炮、刨。這五個字不論是字形還是字音都容易混淆,這時候可以先對比,觀察出它們各自的特點,然後編成好記憶的順口溜:有足就能跑,有手就能抱,有衣能做袍,有火能開炮,有刀可以刨。

再舉一組例子:戍、戌、戊、戎。這四個字常常讓人分不清楚,甚至連高中生都不一定能準確地寫出這幾個字。這時候,就要將它們進行對比,發現這四個字各自的特點,然後編一個順口溜:橫「戌」點「戍」「戊」中空,一橫一撇就是「戎」。

有對比,才會有差異;有差異,孩子們才會記憶深刻。對比記憶法不但能讓孩子快速記住容易混淆的字,而且連字義都能區分開來,記得非常清楚,是不是?

除了以上幾種記憶方法外,還有實物記憶法和出示簡筆畫記憶法。實物記憶法是看到每一樣實物時,都要想一想它的名

第四章　雕文織採：這樣學國文，妙筆能生花

字，然後想想自己會不會寫。如果碰到不會寫的，這時候可以翻一翻字典，或是找家長、老師來幫忙；出示簡筆畫記憶法是當記憶一組生字時，可以在紙上寫出生字的一半，然後靠自己的記憶寫出另外一半。

這些記憶法都是比較有趣的，孩子們在學習生字時，不妨讓他們用用看。

一篇好文章，標題是關鍵

在國文測試中，作文是很重要的一部分。作文寫得好和寫得差的同學，分數往往有很大落差，無形中程度就會拉開了距離。這一節，我先不講如何寫好作文，而是要講起畫龍點睛般作用的作文標題。

俗話說：秧好一半谷，題好一半文。標題是文章的眼睛，每一個老師在審閱作文時，首先看的就是標題。但我發現，不少學生擬的作文標題往往不夠理想，不是太直白就是太淺顯，不是太陳腐就是沒創意，會給老師一種先入為主的「標題不好，作文也好不到哪裡去」的印象。帶著這種印象去審閱作文，或多或少會影響作文得分。即便是文章寫得極好了，老師也會為這篇好文章沒有鮮明特色的標題而可惜。

在話題作文越來越受歡迎的今天，一個精彩絕倫的題目尤

為重要。那麼,該如何讓作文標題顯得精彩絕倫呢?

首先,我來說一說起標題的標準;

1. 準確。作文的「題」與「文」相符,即作文標題能準確反映出文章的內容。
2. 簡潔。作文標題言簡意賅,既具有高度的概括性,又給人留下廣闊無垠的想像空間。
3. 靚麗。當我們評價一個人的外表時,首先看的是臉。作文中,標題就是它的臉。所以,當取標題時,一定要具有審美價值,有文學韻味。
4. 新穎。顧名思義,標題要取得別出心裁,讓閱讀者因為標題而願意繼續讀下去。
5. 雋永。即含蓄蘊藉,意味悠長,耐人尋味。

下面,我要教大家起一個好標題的方法。

方法一:詞語新增法

當遇到話題作文時,要挑選話題的中心詞或體現話題精髓的詞,然後在這些詞的前後新增表明中心思想的詞語,確保話題的範圍。以「體驗」為例,可以起〈愛的體驗〉、〈體驗幸福〉等標題,這不僅能縮小寫作範圍,還能明確選材,進而能避免犯下「下筆千言,離題萬里」的錯誤。

第四章　雕文織採：這樣學國文，妙筆能生花

方法二：借用法

　　同樣為話題作文起標題，可以借用一些古今的詩文名句、廣告詞、歌詞、俗語等等，這能使標題新穎，趣味十足。舉幾個例子：以「誠信」為話題，可以用詩句起標題，如〈眾裡尋他千百度〉；以「思念」為話題，可以用詩經裡的名句起標題，如〈所謂伊人，在水一方〉；以「寬容」為話題，可以用歌詞起標題，如〈風中有朵雨做的雲〉，等等。

方法三：修辭潤色法

　　這種方法主要是靈活運用修辭手法來給標題潤色，產生形象生動、新穎含蓄的作用。不同的修辭手法，又能發揮不一樣的效果。小學國文課文中就有許多標題運用了修辭手法，富有藝術特色，值得孩子很好地去學習。

　　例如比喻修辭，它能夠使標題新巧，給人留下深刻的印象。

　　總而言之，文章的標題對一篇文章的成敗是至關重要的。孩子在寫作文前，不妨讓他們多花一些時間運用他們無限的創造力與想像力去起一個精彩的標題。

　　我的兒子第一次接觸作文是在小學二年級，那時老師安排的作文標題為〈我的媽媽〉。至今，我依然清楚地記得，那一天兒子回到家後，他那雙明亮的大眼睛就像個掃描器，不停地觀察著我的一舉一動。大約一個多小時後，才下筆寫了起來：

我有一個好媽媽,她有一頭短髮,眉毛底下有雙大眼睛,鼻子下面有一張嘴,每當媽媽笑的時候,就會露出兩排牙齒。媽媽還有一雙手,她用這雙手每天為我洗衣、做飯,時時刻刻關心著我。我愛我的媽媽。

兒子的作文很簡短,其中有些生字還是以注音符號代替的。我相信,誰看過之後都覺得這是一篇枯燥乏味、沒有特色的作文。因為,誰不是長了一雙眼睛,一個鼻子,一張嘴巴呢?當時我也有些失望,顯得很不開心,我覺得自己在兒子眼中是如此的普通,虧他剛剛還觀察了我一個多小時呢!

兒子看出了我的不滿意,便決定重新寫,可是他托著下巴想了很久,就是寫不出來,最後求救似的看著我。我拿過他的作文,在他的作文中打起了括號,最後改成這樣:「我有一個(　)好媽媽,她有一頭(　)短髮,(　)眉毛底下有雙(　)大眼睛,(　)鼻子下面有一張(　)嘴,每當媽媽笑的時候,就會露出兩排(　)牙齒。媽媽還有一雙(　)手,她用這雙(　)手每天(　)為我洗衣、做飯,時時刻刻關心著我。我愛我(　)的媽媽。」孩子很聰明,他立刻就知道這些括號是給他填詞用的。他每填一個括號時,就觀察我一下,最後填成了這樣:「我有一個(溫柔美麗的)好媽媽,她有一頭(又黑又亮的)短髮,(彎彎的)眉毛底下有雙(水靈靈的)大眼睛,(高挺的)鼻子下面有一張(櫻桃小)嘴,每當媽媽笑的時候,就會露出兩排(潔白的)牙齒。媽媽還有一雙(靈巧的)手,她用這雙(靈巧的)手

第四章　雕文織採：這樣學國文，妙筆能生花

每天為我洗衣、做飯，時時刻刻關心著我。我愛我（溫柔美麗）的媽媽。」

當看到兒子修改後的作文後，我立刻就捂著嘴樂了，經過加工後的作文顯然打動了我的心。而兒子也掌握了這樣的填詞方法，每次寫作文，他都會思考哪些地方可以讓他填上一些加分的詞，我也從此不再擔心他會寫不好作文。

俗話說得好，「人靠衣裝，佛靠金裝」，作文也要有「文采裝」。這是一個注重包裝的時代，比如一本精彩的書，有一個好的封面才會引人注意；再如一個優質的產品，有一個精美的包裝才會讓顧客有購買的欲望。所以，一篇優秀的作文，它必須有優美生動的語言才能引人入勝、扣人心弦。

什麼是作文？在我看來，寫作其實就是說話，嘴裡說出來的是話，筆下寫出來的就是文。只要把想說的話經過構思、組織、修飾等等，用筆寫下來即可。那麼，我們的孩子該怎麼寫出一篇能得高分且精彩絕倫的作文呢？除了有一個好的構思之外，我認為最重要、最有效的手段就是使用恰當的修辭方法來表情達意。

各位家長，不妨讓孩子用用以下幾種給作文加分的法寶——修辭。

方法一：比喻修辭

一個生動、新穎、貼切的比喻，立刻會給句子增添色彩。在不同題材的作文中，比喻修辭起著不一樣的作用。在記敘文中，將比喻用在人、事、物上，作文會顯得生動傳神、栩栩如生；在議論文中，比喻可以把事理講述得具體易懂；在說明文中，比喻能突出說明對象的特點。

我舉一個簡單的例子：

原句：天上的雲朵千奇百怪。

用比喻修辭後：天上的雲朵千奇百怪，有的像連綿的峰巒，有的像湍急的河流，有的像威武的雄獅，有的像奔騰的駿馬。

原句雖然說出了雲朵的形狀多變，但是卻沒有修改後的生動傳神。比喻賦予了雲朵生動形象的特點，更能牽動人心，引人入境。

方法二：擬人修辭

擬人是指把物擬作人，使其具有人的外表、個性、情感，這裡的「物」可以是物體、動物、思想、抽象概念等。簡而言之，當使用擬人修辭時，要把擬人的對象當作人，賦予它人的情感、動作、語言等等。與比喻相比，擬人既能彰顯出事物的特點，拉近與讀者間的距離，又能生動具體地表達出作者的情感。

第四章　雕文織採：這樣學國文，妙筆能生花

例如：春天來了，冰雪融化了，小草發芽了。

用擬人修辭後：春天是一位魔法師，她融化了冰雪，讓小草破土而出。

原句平淡地陳述著春天來了之後，大自然發生的變化，而運用擬人修辭後的句子很有感染力，也把春天描繪得更加具體形象、生動鮮明。

方法三：誇張修辭

誇張是運用豐富的想像力有目的地放大或縮小事物的形象特徵。這種修辭手法可以增強表達效果，突出事物的本質，也能加強作者語氣、情感，烘托氣氛等，更能引起讀者的聯想和強烈共鳴。

例如：天空下起了大雪。

用誇張修辭後：天空飄下了鵝毛般的大雪。

透過對比，誇張修辭使「雪花」更具有雪花的特點，不僅烘托出下雪的氣氛，更能給人鮮明而強烈的印象。

在使用誇張修辭時，家長要提醒孩子注意誇張並不是浮誇，不能為了使用誇張修辭而故意、不合理地誇大，修辭要建立在客觀現實的基礎之上。比如，可以用鵝毛來形容雪花大，而不可以用孔雀毛來形容。因為前者的形態顏色比後者更符合實際情況。另外，誇張不能和事實距離過近，否則會讓人分不清到

底是事實還是誇張。

　　在小學階段，比喻、擬人、誇張是比較常見、常用的修辭手法，如果作文中有了它們的存在，閱卷老師一定會給您的孩子一個滿意的作文分數。

　　上一節，我說了比較常用的比喻、擬人、誇張三種修辭手法的運用，接下來我要說的是排比。其實，排比也是修辭當中的一種，而我將它單獨拿出來講，是因為在作文中，它比其他修辭更容易加分。

　　觀察下面一組排比句，看看它有什麼特點？

　　小溪是勇敢的，它不畏高山峻嶺的阻隔，不畏腳下道路的崎嶇，勇往直前；大樹是堅強的，它不畏狂風暴雨的打擊，不畏嚴寒酷暑的煎熬，昂首屹立；燈塔是無畏的，它不怕無邊黑暗的包圍，不怕長年累月的孤獨，永放光芒。

　　不難發現，這一組排比句主要描述了三個對象：小溪、大樹、燈塔。從意義上來說，它們都屬於物；從詞性上來說，它們都是名詞；從結構上來說，它們都是主語。另外，這一組排比對仗工整，含三個句子。如此就能得出排比的定義：它是指利用意義相關或相近、結構相同或相似、語氣相同的片語或句子排列出三句或三句以上的修辭手法。

　　那麼，排比有什麼效果呢？

　　在不同的文體中，它所帶來的效果也不同。當用排比寫人

第四章 雕文織採：這樣學國文，妙筆能生花

時，可以刻劃出人物的細節。

當用排比寫景時，可以使景物細緻入微。比如朱自清的〈春〉：「山朗潤起來了，水長起來了，太陽的臉紅起來了。」這句話就很巧妙地表現出了景物的細微特徵。

當用排比說理時，可以將道理說得有條不紊、充分透澈。

當用排比抒情時，不僅使文章節奏和諧，還使文章更具有感情色彩。比如文章〈我和書的故事〉結尾一段：「我和書的故事實在是太多了，為書而歡樂，為書而哀愁，為書而被處罰」。這一段排比既能涵蓋全文，又能抒發作者與書之間的不解之緣。

總而言之，在寫作中運用排比好處多多，不僅能使文章具有極強的節奏感、說服力，而且也能增強文章的表達效果和氣勢。不過，孩子們在運用排比時，我要著重強調一點，那就是必須從內容的需要出發，不能生硬地拼湊排比的形式，否則效果適得其反。

好作文，也可以「仿」出來

許多學生在寫作時，都多多少少會有一種恐懼的心理，不是不知道該寫些什麼，就是寫得亂七八糟。出現這樣的情況，一來是小學生的生活累積不夠，二來是閱讀量少、詞彙量少等。想要在這樣的「困境」中寫出一篇優秀的作文，無疑是難於上青

天。所以,這個時候我建議不妨去「仿」作文。

練字要描紅,繪畫要臨摹。描紅可以練就一手工整漂亮的字跡,臨摹可以獲得他人繪畫的技巧。作文也可以模仿,只要模仿得法,就可以從範文中學習規範的語言和正確的寫作方法。在模仿時,既能使閱讀和寫作緊密結合,又可以學以致用。所以,當看到一篇優秀的作文時,可以讓孩子們照著樣子寫,去模仿它。

具體來說,可以從以下幾點去模仿:

一、模仿題材

許多學生害怕在考試中寫作文,尤其是自由發揮的作文,總是咬著筆桿,冥思苦想,最後因為時間不足而草草寫完。先不說內容上的空洞無物,單是布局就讓閱卷者困惑不解,既看不見主題,又摸不到中心思想。在這種情況下,就要經常模仿優秀作文的題材與主題,學會有東西可寫。

記得我上學時,有一次老師讓我們寫一篇作文,主題為歌頌母愛。班裡一共有55個學生,將近30個學生寫了母親在下雨天給「我」送傘、母親半夜幫「我」蓋被子、母親冒著雨背「我」去看病、母親安慰成績考砸了的「我」之類老掉牙的事。雖然,這些事都是真實發生過的,但是題材太老,任誰看到這樣的作文,都會覺得枯燥無味,興致不高,而將這樣的作文放在閱卷老師的眼前,無疑是在提示老師:請給「我」一個低分。

第四章　雕文織採：這樣學國文，妙筆能生花

所以在模仿作文時，可以讓孩子模仿那些有著優秀、新穎主題的作文，等到在考試中遇到同一種題材的作文時，孩子們就會有東西可以寫，而且還能寫得與眾不同。

二、模仿標題

閱卷老師看一篇作文前，首先看的就是作文標題，如果是諸如〈烤蕃薯〉、〈放風箏〉、〈騎腳踏車〉、〈打掃環境〉之類毫無創新的標題，那麼就會給老師一種「標題平淡，作文也不會精彩」的印象，得的分數自然不高。之前我就說過，一篇優秀的文章首先得要有一個優秀的標題，一個優秀的標題往往能先聲奪人。

好的標題一般都具備簡潔、貼切、概括、新穎、有趣等特點，它並不是如白開水一般平淡無味，它也可以有滋有味，而加「味道」的調料就是修辭。比如用了比喻修辭的標題：〈父愛如山〉；反覆修辭的標題：〈哈囉！哈囉！〉；對偶修辭的標題：〈山的沉穩，水的靈動〉，等等。這些好的標題都值得去模仿。

不過需要警惕的是，不能因為想起個醒目的標題而去標新立異，這樣的標題既不能概括全文，又不符合文意，反而弄巧成拙了。

三、模仿內容

　　一篇文章由許多文字構成，而文字的運用能展現出孩子的寫作功底。著名作家秦牧說過：「文學作品的文字除了要求清晰流暢之外，還要求優秀。文字如果不能給予人美感，作品的藝術感染力就會大大降低。」可見文字對於一篇文章的重要性。想要孩子文筆流暢，應該讓他們多讀、多背、多寫；想要孩子文筆傳神，要讓他們多思、多仿。這裡的仿，可以是內容上「借」一點，「抄」一點，「創新」一點。

　　要想「借」，首先得會背。背什麼呢？可以是著名的散文、名言名句、古詩詞、名段等等。這樣，當寫一篇作文時，腦海裡會自然而然出現這些名篇的文字，信手拈來。「抄」，這裡不是「抄襲」的意思，它是指借鑑內容的形式，比如仿寫句子、仿修辭手法和段落格式等。「創新」是指在模仿作文時整理出的一些內容的不足，自己加以改善後運用在作文中。這樣一篇文章就飽滿了，不會因為字數不夠而胡亂地東拼西湊。

第四章　雕文織採：這樣學國文，妙筆能生花

第五章　趣味 ABC：
快樂學英文，如同學母語

　　快樂學習是給孩子最好的禮物，如果我們將英文的學習變成孩子感興趣的遊戲，他們就會從中發現英文妙趣橫生。不知不覺中，孩子的單字量增加了，口語道地了，聽力進步了，英文水準達到了一個新高度，拿高分自然不是問題。

第五章 趣味ABC：快樂學英文，如同學母語

英文程度好不好，學習氛圍很重要

國語是孩子的母語，從他們牙牙學語就開始接觸它了。即使孩子懵懂無知，卻也知道要迫切地學習國語，因為他們潛意識中明白國語能完成日常交際，滿足自我需求。而英文，它是孩子們的第二語言，當孩子們學習它時，沒有強烈的迫切感，因為他們的交際與需求都可以透過國語來完成。這是孩子們英文學不好的一個重要原因。

任何一種語言的掌握都需要大量的實踐和運用，僅僅透過課堂時間來學習英文是遠遠不夠的。在我國，使用英文的語言環境不多，在孩子們沒有條件找到一個學習英文的環境時，要想提高英文「聽、說、讀、寫」各方面的能力，家長就要想方設法給孩子塑造學習英文的氛圍。

有良好的學習英文的氛圍，孩子才有興趣、有動力去學習。就目前來說，我國孩子學習英文的氛圍有三種，分別是課堂氛圍、校園氛圍和家庭氛圍。

課堂是孩子們學習英文知識最主要的管道，在老師與學生的共同配合之下，能營造出良好的課堂氛圍，所以下面主要說說校園氛圍和家庭氛圍。

拿作者所在的學校為例，為了讓學生學好英文，學校每個星期都會推出一個「校園英文日」活動。那一天，校園裡的廣播

會播放英文歌曲,學校還建議學生可以用英文與老師、同學打招呼或日常對話。同時學校還會選出一名學生在課間休息時講話,用英文介紹自己的姓名、班級、喜好,等等。此外,學校還開闢了一個名為「English Corner」的地方,中文翻譯為「英文角」。顧名思義,這裡是專門讓學生與老師用英文交流的地方。正是這種濃濃的學習英文的氛圍,才讓學生們特別喜歡學習英文。

每個學校的情況都是不一樣的,即使營造不出大範圍的校園氛圍,也可以營造好小規模的班級氛圍。比如,家長可以建議老師將一個星期的某一天定為「英文日」,在那一天,學生必須以英文交流;也可以在課外活動時間展開一場英文辯論賽;還可以在班級設立一個英文小書館,裡面可以放一些簡單的英文課外讀物、英文學習報、英文故事書等等。這樣一個氛圍需要老師、家長、孩子共同去營造。

相對於課堂氛圍和校園氛圍,家庭氛圍對學習英文更加重要。因為家是孩子們待得時間最長的地方,是培養孩子學習英文的關鍵地點。

我的姪女子彤是一名五年級的學生,她的國文和數學成績都很好,但是英文成績實在是慘不忍睹。子彤一點也不喜歡英文,她覺得英文太枯燥、太無趣,每天都是在不停地背單字、背句子、背課文。這些記憶在腦海中走馬看花,沒多久就忘得一乾二淨,而且複雜的英文文法更讓她頭痛不已。久而久之,

第五章　趣味ABC：快樂學英文，如同學母語

子彤視英文為洪水猛獸，能不學英文就不學。她的英文成績從最初的能考及格，到後來只能考幾十分。

嫂子為此擔憂極了，怎樣才能讓孩子喜歡並主動地學習英文呢？

據我了解，子彤所在的學校英文教學水準很不錯，所以我給出的建議是在家給孩子營造一個好的英文學習氛圍。比如子彤從小就喜歡國文，家裡的每個角落都擺放了隨手可拿的各式各樣的讀物。如果將家裡擺上一些有趣的英文書刊，是不是能提高孩子的學習興趣呢？

聽了我的建議，嫂子說做就做，她不僅在家中擺放英文故事書，還將家中的小東西都貼上了英文標籤。小到家中的一把鑰匙，大到家中的冷氣、冰箱。僅僅一個星期，子彤的英文詞彙量就上來了，家中貼著的英文標籤上的單字，她幾乎全都會讀、會背了，而且記憶牢固。此外，我還精心給子彤挑了幾本英文故事書，也很對她胃口，幾乎一有時間，她就會讀。漸漸地，子彤喜歡上了英文。

除了巧妙利用家中陳設營造學習英文的氛圍之外，我們的生活氛圍中也要新增一點「洋」味。比如家長多用英文與孩子交流，哪怕只是說些簡單的「Good morning！」、「How are you today？」、「Thank you.」等句子。平時與孩子多多說英文，不僅能幫助孩子練習英文，還能搭起與孩子溝通的橋梁。

營造家庭英文氛圍需要家長們的耐心與細心，各位家長們，

不妨放下手中工作,現在就為孩子們創造一個溫馨的學習環境吧!

聽:英文聽明白,學習無障礙

　　小學英文的教學要求是「聽、說、讀、寫」,其中「聽」是排在第一位的。只有先聽懂,才能去交流。小學階段是培養英文聽力能力的最佳時期,因為小學生的好奇心強,聽覺靈敏,模仿能力和記憶能力也是最棒的。但是,目前的小學英文測試中的聽力往往又是學生失分較嚴重的部分。

　　小學生累積的英文詞彙少,所以平常的英文教學中,老師也不會說複雜的句子,一般都是由常用、簡單的單字構成。即便如此,有些學生還是聽不懂,或者只能聽懂一個句子當中的個別單字,然後再根據單字的意思猜測句子的意思,那麼句義很有可能失之毫釐,謬以千里,導致聽力成為「老大難」。

　　劉晨(化名)是我班裡的一個學生,每次英文考試時,他的筆試部分都能得滿分,可是聽力只能得少少幾分,拖了總分的後腿。造成這樣的結果是因為劉晨不了解那些聽不懂的單字嗎?其實不然,當把句子寫下來時,每一個單字他都理解。對此,劉晨也是懊惱不已。

　　為何用耳朵聽,劉晨就聽不懂呢?我分析了一下,主要有三

第五章　趣味 ABC：快樂學英文，如同學母語

個原因，而這三個原因絕大多數英文不好的學生或多或少都存在。

第一，沒有掌握單字的準確讀音。如果不知道一個英文單字的讀音，當別人從嘴裡說出來的時候，自然不知道是什麼意思。而讀音不標準在於沒有學好音標，就比如單字 sea 和 sing，sea 的意思是「大海」，sing 則是「唱歌」。把單字 sea 讀成了 sing，那麼聽到正確的 sea 的讀音時，只會認為聽到的是 sing，這樣意思就弄錯了。

第二，不良的學習習慣。劉晨總是跟著自己的感覺走，遇到不熟悉的英文單字時，他就自己用音標拼讀，這就導致讀音不標準，當聽到這個單字時，就會一頭霧水。

第三，英文聽力訓練少。英文並不是我們的母語，平常也不會用它去交流，用得少，聽得少，自然就生疏。這一點不僅是劉晨身上存在的問題，也是絕大多數學生身上存在的問題。

找到影響聽力的原因後，接下來就該對症下藥。

方法一：找出錯誤

提高聽力一個最直接的方法是，糾正以前錯誤的、不純正的單字讀音，這些可以從丟分題上找。有一點需要注意，不能為了提高聽力而單純地練習聽力，這樣效果不大，應該要為了提高英文的綜合能力而練習聽力。綜合能力包括發音、片語、詞義等，要認真練習每個單字的發音、每個句子的語音語調等。

方法二：練習聽力

許多學生聽一個單字時，他能聽懂，可是當聽一整個句子時，就有些困難了，更別提聽一段，或是一整篇文章。所以，練習聽力從聽片語開始，然後逐步增加到一個句子的單字數量。練習英文聽力的管道有許多，比如聽英文歌曲、看有中文翻譯的英文電影、聽英文廣播等等，不斷培養英文語感。

提高英文聽力的途徑只有多聽多練，每天 3 次，每次 30 分鐘。英文是一門語言類的學科，它與國文一樣，只有日積月累才能學好，不要指望一個月就能大大提高，希望每一位孩子都能堅持下來！

說：隨時英文交流，口語表達不愁

語言是人與人之間溝通的橋梁，英文作為國際通用語，它使用的頻率很高。小學生學習英文的最終目的就是為了以後能用英文與外國友人流利地交流。然而，許多學生在學校內接受的英文學習都是為了應付各式各樣的考試。久而久之，英文口語被忽視，英文也成為一門「啞巴」學科。

記得有一次，新加坡的一所華人學校要來我們學校進行學習和交流，其間要舉辦一場友誼辯論賽，兩方代表分別是新加

第五章　趣味 ABC：快樂學英文，如同學母語

坡的學生和我們學校的學生。辯論賽有兩個回合，一個是用英文辯論，另一個是用中文辯論。

當時學校選出了英文學習成績全校排名前五的 5 個學生來參加，這 5 個學生平時的英文成績都很棒，所掌握的詞彙量比高中生還要多，學校很有信心能贏得比賽。可是結果讓人失望，用英文辯論輸得一敗塗地，中文辯論的那一場也稍遜一籌。

我們學校的 5 個學生，英文成績雖然好，可是英文口語弱，不是以英文為第一語言的新加坡學生的對手。可是讓人吃驚的是，新加坡學生的中文也說得十分順暢，交流起來沒有一點障礙。與新加坡的老師交流後我才知道，他們學校在教學生學習中文時，口語放在第一位，筆試放在第二位。

絕大多數學生為何學不好英文？我分析了一下，有這樣幾個原因：

一、對英文口語不重視

對學生而言，在英文「聽、說、讀、寫」中，「聽」和「寫」是最重要的，因為考試就是考這些，而不涉及考試的「說」和「讀」則經常被忽略。英文學習動機過於功利，這是國內一個普遍的現象。其實，既然說英文是一門語言類的學科，不多說，不多讀，口語就無法提升。

二、學習心理障礙

有一份權威的研究報告指出,有33.6％的學生說英文時感到害羞;有27.5％的學生因為緊張而無法開口;只有25.4％的學生樂意用英文交流,而能自信地使用英文流利交流的學生僅占13.6％。可見,不敢大膽說英文的心理是說不好口語的最大障礙。

三、詞彙缺乏

語言是由詞彙構成的,缺少了詞彙,很多東西都無法表達。學生們不願意開口說英文,有很大一部分原因就是詞彙不足,不知道怎麼用英文表達。

四、語言環境不理想

我國學生能說好國語是因為從小接觸國語,身邊的人也都在說國語。聽得多了,自然就會說。可是英文不一樣,它不是我們的第一語言,除了課堂上能接觸英文外,對於大多數學生來說,生活中沒有接觸英文的機會,更別說是聽英文、說英文了。所以,語言環境也是造成學生們說不好英文口語的原因之一。

我經常和我的學生們說,英文不是拿來學的,而是拿來用的。孩子們從小學習英文是為了以後能聽、能說,然而提高英

第五章 趣味 ABC：快樂學英文，如同學母語

文的最好方法就是讓他們「讀、背、說」。

「讀」即要大聲地朗讀。每天清晨，讓孩子找一個安靜的地方大聲朗讀英文課文或英國文章。在大聲讀的同時，要注意語速快而不亂，與平常說話時一樣。

「背」是為說做準備的。讓孩子多背背單字，累積詞彙量，也可以背一些英文句子和段落，或是優秀的英國文章。

「說」就是張嘴說。如果您的孩子身邊沒有說英文的環境，那就給他創造一個這樣的環境。比如家長可以在家中用英文來與孩子交流，如果家長並不擅長英文，就鼓勵孩子去學校與老師、同學用英文交流。先不管孩子說得好不好、對不對，只管讓他們去說，說得多了，就可以克服害怕說、不敢說的心理障礙了。

俗話說「熟能生巧」，讓孩子將英文當國語，隨時隨地想說就說。漸漸地，孩子張嘴就能用英文表達出自己想說的話。

讀：練習好發音，張口就是倫敦音

在不同地方的人，說話的口音都不一樣，我們稱這些地方語言為「方言」。英文也一樣，不同地區、不同人種說英文的語音語調也是多種多樣的，但我們學生學習的英文則是純正的、嚴謹的、官方的英式英文和美式英文。

英文說得好不好，語音語調很重要。語音語調能給人第一印象，能展現一個人的英文程度。準確的語音語調可以給人自信心，從而提高練習英文口語的興趣和積極性。而帶有地方特色口音的英文，不易被人聽懂，重要場合還會出現尷尬。

實不相瞞，我兒子就遭遇過語音語調不道地的尷尬。

記得兒子上五年級時，他隨學校老師去美國參加一次夏令營活動。這是兒子第一次出國，他充滿了期待，心情也很激動，他不僅準備了大量的英文書，還帶了英文字典，以防與外國朋友們交流時出現障礙。兒子的口語一直不錯，我本以為孩子會玩得很開心，可事實並不是這樣，他回家的時候一臉沮喪，詢問後才知道，他說的英文腔調不標準、帶有口音，在國內聽起來沒什麼，但在國外很多外國人都聽不懂。

語音語調不標準，這是口音問題。英式英文講究純正、深沉，發音很嚴謹，語調起伏小。美式英文講究圓潤、輕鬆，發音遵循「懶」的原則，語調起伏大，語音變化很小，結論就是聽起來動靜大。我們的學生說英文時，普遍存在的問題是，一來缺乏音調，太過平淡；二來太過僵硬，沒有輕鬆感。

那麼，怎樣才能讓孩子說一口流利、純正的英文呢？

方法一：意思表達要明確

與人說好一句話，最關鍵的是要表達清楚。在說英文時，一定要提醒孩子口齒要清晰，盡量把每個英文單字都要標準地

第五章　趣味ABC：快樂學英文，如同學母語

說清楚，能明確地讓對方知道你想表達的是什麼。平時，讓孩子用自言自語的方式來練習。比如給孩子找一個主題，然後讓他用標準的腔調自言自語地說出這個主題的特色。

方法二：口齒要伶俐

國語和英文發音的方式不同，兩者在嘴唇、舌位、聲帶上有很大差別。很多學生模仿一字一句還行，可是模仿長句子或讀一篇長文章時，那就困難了，常常給人一種不自然、不協調的感覺。想要孩子將英文說得標準，說得伶俐，要做的就是多模仿。需要注意的是，模仿的時候要讓孩子按照標準的語音、語調、語速去模仿，不然功夫就白練了。模仿的管道有很多，比如聽英文磁帶、看英文電影、聽英文音樂，等等。

透過這些訓練，學會掌握英文的語調快慢，英文讀出來的感覺就會很不一樣。

寫：挑戰英文寫作，乘上成績快車

在小學英文中，「聽」和「讀」是理解的技能，「說」和「寫」是表達的技能。這四種技能相輔相成，合在一起才算一門真正的語言。在前面，我已經說了英文「聽、說、讀」的一些基本學習方法，現在我再來說說英文中的「寫」。我所說的「寫」，並不

是指「抄寫」，而是指真正意義上的用英文來寫作。

小學低年級的學生邁入高年級後，已經累積了一定的英文詞彙量和句型，而寫作能反映出他們是否熟練地掌握了學習的知識。此外，寫作還能調動學生對英文學習的積極性，提高學生對英文運用的能力。然而，用英文寫作並不是一件容易的事。據統計，世界上有一半的人口都不能達到用母語寫作的要求，而要用英文來表達的話，無疑更難。

英文寫作的要求很高，不僅要求學生掌握外文的遣詞造句、熟練拼寫單字、正確使用文法等知識，還要用合理的邏輯、創造性的思考模式去表達思想。英文寫作並不是一件容易事，所以不少學生在寫作時會不停的皺眉頭。

在兒子升上五年級之後，我要求他每一週都要學習用英文寫作文。作文要求很簡單，就是根據英文課本每個單元的主題寫幾個簡單的句子，但兒子的完成水準並不是很好。為此，我常常和校內的一位優秀的英文老師一起交流。據了解，學生英文寫得差是一個普遍現象，能把英文文法寫正確，單字不寫錯，語句寫通順的學生寥寥無幾，大多數學生的作文都是問題一大堆，不是句子文法錯誤，就是僅僅寫了幾句，根本算不上一篇英文作文。

根據多年的教學實踐，這位英文老師提供了以下幾種提高小學生英文寫作能力的方法。

第五章　趣味 ABC：快樂學英文，如同學母語

方法一：分年段，逐步寫作

小學是剛剛接觸英文的階段，我們不可能要求剛剛學習英文一個學期或兩個學期的學生寫一篇英文作文，這也不切實際。但是，我們在每個年級都要進行相應的作文基礎訓練。比如，小學三年級與四年級，這個階段的孩子不必急於寫，主要以連說句子和仿寫句子為主。孩子每學一個單元，家長或孩子自己可以設立一個相似的場景，然後用英文口頭造句，連說句子，或是照著每個單元中的例句仿寫句子。家長可以給孩子定一個目標，規定他們每一次仿寫不少於五句。到了五年級和六年級，孩子的詞彙量相對要多一點，這時就可以寫一些簡短的作文，隨著詞彙量增多，作文就可以寫長一點。

方法二：多途徑的寫作訓練

我看過許多小學生的英文作文，並整理出一些問題。針對這些問題，應該要進行多途徑的專項訓練。首先，句子寫得十分單調。同義句轉換則是最佳的訓練方式。其次，文法經常出錯。國文文法與英文文法存在很大差異，英文文法用不好，很大是受到國文文法的影響。面對這樣的問題，除了大力培養孩子的英文思維外，還要對孩子進行中英互譯的訓練。透過對比，孩子才能理解漢語與英文在表達上的不同，進而更好地用英文去表達。再其次，寫作主題單一。當孩子們不知道寫什麼

時，可以讓他們看圖，或是看連環畫上的內容去寫作。圖片能激發孩子無窮的想像力，也能讓寫作的內容變得多姿多彩。最後，針對詞彙量少的這個問題，解方唯有讓孩子們日積月累。

方法三：建立良好的寫作模式

首先，要為孩子建立一個合適的寫作環境。寫作是一個複雜的思維過程，一定要有一個積極的、富有創造性的寫作環境，這樣的環境不僅能讓孩子產生一種渴望寫作的慾望，而且還能讓他們充分發揮自己的寫作能力。

為了給班級的學生創造一個良好的寫作環境，我們班的英文老師設定了一個小組英文日記制度，就是將7個學生分為一組，每一組發一本日記，小組裡的每個學生每個星期都要寫一篇英文作文。寫好後，老師會及時批改，並寫一些鼓勵性的評語。小組內的學生在傳閱日記的過程中，不僅擴大了閱讀量，還能從別人的日記中學到他人長處，看到自己不足。各位家長，不妨讓您的孩子也在學校組一個小組，相信英文老師很樂意批改孩子們寫好的日記。

其次，培養積極的寫作態度。寫作應該是一件讓人感到快樂的事情，可是將寫作當成應付考試，那就成為一種負擔。所以要讓孩子明確寫作的動機，每次寫作時都要保證積極向上的態度。

第五章　趣味 ABC：快樂學英文，如同學母語

別再死記硬背，找訣竅拼高效

如果英文是一座橋，單字就是橋梁裡的每一塊磚；如果英文是片海，單字就是海裡的每一滴水；如果英文是朵雲，單字就是雲裡的水蒸氣。單字構成了一個個的句子，單字也塑造出了一篇篇的文章。想要學好英文，首先就要記單字。但是對小學生而言，他們的記憶力好，同時遺忘性也大，於是記單字成了一個「噩夢」。

記得有一年，我有一位正在上國中的學生寫了一封信給我。信中除了問候我以外，最主要的是向我訴說學習上的煩惱。學生說，自從上了國中後，英文成績一直跟不上，尤其是英文單字，每天都有新的單字要記憶。可是今天剛剛記住的單字，明天又會忘記，循環往復，不僅要繼續背新的單字，還要回過頭來複習舊的單字，真是恨不得脖子上能長兩個腦袋。最後就是詢問我，有沒有快速記憶單字的技巧。記憶單字最有效的方法就是多讀、多背、多寫，不過我也記得有一位偉人說過這樣一句話：「我們要戰勝敵人，首先要找出敵人在哪裡。若你連敵人在哪裡都不知道，又怎麼去制定策略戰術呢？」同樣的道理，如果單字是一個強大的「敵人」，想要戰勝它，最簡單、快捷的方法就是找出記不住的原因。

從多年的經驗來分析，學生記不住單字的原因有以下幾個：

1. 死記硬背。大部分學生記單字的方法就是死記硬背，出現這樣的情況，大多是因為不懂英文單字的構造原理。一個單字為什麼是這個意思？單字為什麼由一串字母構成？因為不明白這些原因，所以記單字就像記一個個沒有規律的密碼一樣，即使背下來，轉眼又會忘記，就更別提能靈活地去運用了。

2. 缺乏學習氛圍。一個英國人，他能快速地記住英文單字；我們，也能高效地記住國字。這就是母語的優勢。英文是我們的第二語言，在國語環境中學習英文，無疑會缺乏學習的氛圍。即便記住了一個單字，可是長時間不使用的話，很容易再次忘記。

3. 缺乏學習興趣。一個學生對某一門功課特別感興趣的話，那麼這一門功課一定會學得很好。興趣是最好的老師，如果對英文缺乏興趣，那就沒有學習英文的動力，於是記單字就成了一件令人抗拒的事。許多學生記不住、不願意記單字，就是因為缺乏對英文的興趣。

找出記不住單字的原因後，下面我再介紹幾種能幫助孩子快速記憶單字的方法：

方法一：觀察記憶法

記憶單字前，我建議孩子先觀察單字的組成部分。大部分單字都是由「詞根＋詞綴」組成的，詞根不僅僅是一個單字的核

第五章　趣味 ABC：快樂學英文，如同學母語

心，同時也是許多單字的核心，利用這種組合形式記憶單字，不僅效果好，而且記憶速度快。

例如詞根「log」，單字「prologue」（前言）、「monolog」（獨白）、「epilog」（結語）、「travelog」（旅遊日誌）、「dialog」（對話）、「apology」（道歉）等單字中都有詞根「log」。又如「oy」，單字「boy」（男孩）、「toy」（玩具）、「joy」（高興）等單字中都有詞根「oy」。在記憶這種類型的單字時，只要分辨好詞義，記憶起來會事半功倍。

方法二：對比記憶法

英文與中文一樣，也有近義詞和反義詞。在記憶一個單字時，可以將與它們相對的單字找出來，形成一個對比記憶。用這種記憶法記憶單字，孩子不僅能節省時間，而且還記得牢固。

方法三：形象記憶法

這種記憶法是利用單字的象形結構想像出某種含義。例如單字「eye」，它的詞義是「眼睛」。從外形上看，兩個「e」像人的眼睛，而「y」則是人的鼻子。又如單字「zoo」，它的詞義是「動物園」，由於它看起來像數字「200」，孩子記憶時，可以想像有200隻動物在動物園內。這樣既記住了單字，又記住了詞義。當然，使用這種記憶法最好是孩子自己動腦觀察，然後編寫出記憶的小竅門，這樣才會加深印象，加強記憶。

掌握好技法，輕鬆學文法

小學階段，學生學習的英文文法並不多，但一堂英文課上，往往老師費了九牛二虎之力去講解，學生卻是聽得一頭霧水。真是花了大力氣，得了小芝麻。文法難在哪？它難在抽象。老師直接講解的話，學生很難理解。

經常有家長會問我，小學階段學生們該怎麼學習文法？

在弄明白這個問題前，首先要知道什麼是文法。文法，其實就是對文字現象的彙整。我舉個例子，如果有一個外星人來地球參觀，它站在十字街頭觀察人、車、環境等，很快它就能彙整出一個交通規律：紅燈停，綠燈行。文法專家就是這樣的「外星人」，他們透過對各種文學名著、通俗小說、生活用字等的研究，整理出了一套文字規律。我們的孩子應該慶幸，那麼多複雜多變的文字規律都被文法學家整理好了，只要坐享其成就行，所以也實在沒有理由再抱怨文法難學。

那麼，有什麼辦法能讓孩子學好英文文法呢？我整理出幾條在教學中得來的經驗。

方法一：在理解的基礎上去學習文法

不管學習任何東西，我都不提倡死記硬背，學習文法更是如此，應該要在理解的基礎上記住它。許多孩子在學習英文分

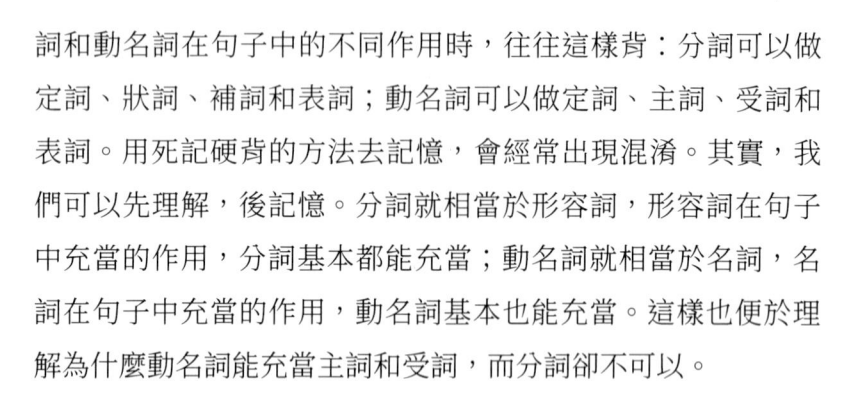

第五章　趣味 ABC：快樂學英文，如同學母語

詞和動名詞在句子中的不同作用時，往往這樣背：分詞可以做定詞、狀詞、補詞和表詞；動名詞可以做定詞、主詞、受詞和表詞。用死記硬背的方法去記憶，會經常出現混淆。其實，我們可以先理解，後記憶。分詞就相當於形容詞，形容詞在句子中充當的作用，分詞基本都能充當；動名詞就相當於名詞，名詞在句子中充當的作用，動名詞基本也能充當。這樣也便於理解為什麼動名詞能充當主詞和受詞，而分詞卻不可以。

我雖然強調要理解文法，但是不建議對文法規則刨根問底。我也時常被學生詢問，為什麼英文有那麼多的時態，中文卻沒有？其實，每一種語言都有自己的文法規律。中文也有自己的時態，只是它所表現的形式並不明顯。

方法二：主動歸納和整理文法

在學習文法時，孩子不能全都指望老師的講解，應該要學會自己去觀察文法，然後進行歸納與整理。有研究顯示，一個學生如果會自己歸納和整理文法，那麼他將比直接從書本上學來的文法記得牢，而且更能靈活地去運用。所以，當老師講解一些文法後，學生一定要主動去整理規律。比如老師在講解「一般現在式」的時態時，學生要多觀察一些相關的英文句子，從中就能整理出「一般現在式中主語為第三人稱單數時，動詞加 s」的規律等等。

方法三：善於從錯誤中學習

每一個學生在學習英文文法的過程中都會出現錯誤，家長和老師應該鼓勵他們不要畏懼，要大膽地使用，同時也要糾正錯誤，達到在糾錯中學習的目的。比如口語交流中，許多孩子經常會犯文法錯誤，不能因為犯錯而不敢開口，應該要找到錯誤的癥結，糾正過來再繼續開口表達。文法越準確，越有利於提高英文口語的能力。

文法學習並沒有統一的學習方法，它的變化規律很大。但有一點要注意，學習文法要講究循序漸進。小學生可以先從簡單的文法開始學習，然後再深入難一點的文法，切不可貪圖速度。

隨時隨地都是學習英文的良機

在小學階段，國、數、英三大主科中，英文已成為不少小學生的災難。那些和國文拼音極其相似，卻又有著完全不同讀音和用法的字母，讓不少學生焦頭爛額，成了拖垮名次的「成績殺手」。

坦白地說，國文學習的難度絕對是遠超英文的，同樣一句話，搭配上不同的語氣，國文都能表達出截然不同的意思來。那麼，為什麼能夠熟練掌握國文的我們，學習英文卻如此困難

第五章　趣味 ABC：快樂學英文，如同學母語

重重呢？歸根結柢，其實還是一個語境和應用頻率的問題。

雖然在現代教育裡，英文已經變得非常重要，甚至可以說是必不可少的一環，但在日常生活中，真正接觸或應用英文的時候並不多，尤其是在一些中南部地區，可能連外國人都較少遇見，更別說用英文和他們進行日常交談了。正因為種種的環境所限，導致許多孩子對英文往往很難產生興趣，而大部分學生學習英文的方法，也都停留在死記硬背上，這就導致了英文學習的困難。

幾年前的一次暑假，我曾幫朋友的兒子小浩補過一個假期的英文。那時候，小浩剛上小學四年級。他是個很聰明的孩子，雖然平時很調皮，也有些貪玩，但學習還是很不錯的，國文和數學的成績排名一直能保持在班級前十，可是英文卻有些「丟人」，總是在及格線徘徊，這讓他父母頭痛不已。

要說小浩不努力吧，看他天天回家就捧著英文課本嘰哩咕嚕背單字的樣子，也實在說不過去；要說他腦子笨吧，看他做奧數題目那種手到擒來的樣子，腦子怎麼可能不好使？最後，在小浩沮喪地捧回 55 分的英文成績之後，小浩父母考慮到我是一名老師，而且英文水準也不錯，便把他送到我這裡來了。

在和小浩接觸幾次之後我就發現，他的問題和我班上大多數學生學習英文的問題是一樣的——死記硬背。課本後頭的單字背得頭頭是道，課本上需要背誦的內容，雖然有些困難，但基本上也能磕磕絆絆地背誦出來。但問題是，稍微把句子換個

表達方式，或者稍微把單字調換個順序，就完全不明白了。

小學三、四年級是剛開始學習英文的階段，所以課本上出現需要記憶的單字比較簡單，也比較少，死記硬背的方式看似還能行得通。但長此以往，接觸的單字越來越多，學習的句型表達也越來越複雜的時候，這種方式恐怕就毫無招架之力了。而且，死記硬背的學習方式也只會不斷增加孩子的記憶負擔，讓他們開始逐漸喪失對英文的興趣，甚至從心裡產生牴觸的感覺，從長遠來看，這對英文學習是極為不利的。

為了扭轉小浩錯誤的英文學習方式，同時培養他對英文的興趣，我向幾個英文老師請教後，為他制定了一些暑期任務：

一、留意眼睛看到的東西

無論是在家中，還是學校、公園、街道等，留意眼睛看到的東西，用英文叫出這些東西的名字，不知道的可以透過網路或英文詞典等工具查出。比如看到銀行，就要想到銀行的英文單字「bank」；看到街上有腳踏車路過，就要念出腳踏車的英文單字「bike」，透過這種方式，在日常生活中累積詞彙量。

二、留心英文字樣的標題

留心看到的一切標有英文字樣的標題或字句，比如雜誌、說明書等上面印有英文字樣的地方，我要求小浩認真抄寫這些

標題或字句，遇到不懂的就查英文詞典。如果找到一個拼寫錯誤的單字或表達有誤的句型就用手機拍下來，到我這裡可以換取一些小獎勵。

三、制定全英文會話時間

每天規定兩個小時左右的時間為「全英文會話時間」，在這段時間裡，我要求小浩只能用英文和別人進行對話交流。起初，這兩個小時通常是我幫小浩補課的時候，因為小浩的父母不懂英文，很難成為他的對話對象。後來，小浩和住在他們家社區的一個美國老太太認識了，那位美國老太太成為他很長一段時間裡的「會話對象」。

經過一整個暑期的英文學習，最讓我感到欣慰的是扭轉了小浩對英文的牴觸。當他開始對英文感興趣，並習慣在生活中處處尋找英文的「影子」時，英文學習對於他來說也就不再那樣辛苦和乏味了。

語言是一種交流的工具，想讓孩子學好一門語言，死記硬背是絕對行不通的，只有讓他們懂得將這門語言應用到生活之中，和日常的生活結合起來，才能真正掌握這門語言的訣竅。生活處處是英文，留心身邊的英文「影子」，學會「見縫插針」，學習英文就會變成一項在生活中快樂進行的活動。

第六章　算術天才：
找到解題真相，成為數學王

　　數學是一門抽象性和邏輯性都很強的學科，也是許多孩子和家長最頭痛的一門功課。與其他科目不同的是，數學僅僅拚時間、拚努力，對提升成績的幫助並不明顯。提高數學成績更多的是依靠正確的學習方法，而絕不是單純地大量做題。

第六章　算術天才：找到解題真相，成為數學王

為什麼計算題總是丟分的重災區？

作為一名數學老師，我很負責任地告訴你，一張數學試卷中最簡單的就是計算題，它可以說是「死題」，因為絕大多數的計算都是單純的計算，它並不需要學生啟動思維，運用邏輯，只要一顆細緻的心即可。可是面對這樣的送分題，卻有許多學生白白地浪費掉了，真是可惜。

幾乎每一次數學試卷一發下來，我都會聽到不少同學抱怨：怎麼又算錯了？為什麼又算錯了？要想不再計算出錯，首先需要找到出錯的原因。

曉曉是我的姪女，曉曉的數學成績太差了，她的媽媽為她的數學成績感到十分苦惱。當然，並不是曉曉笨，她和其他孩子一樣聰明。每次學習數學新知識時，她不僅能快速掌握，還能靈活運用。所以，她的數學差，其實是差在計算上。比如在做加減法運算時，她不是看錯數字，就是忘記進位或退位。在做乘除法計算時，老是將乘法當作除法，或將除法當作乘法。

曉曉的計算能力差，其實從小就表現出來了。可是曉曉媽媽那時覺得孩子小，所以也沒太在意，心想孩子長大點，心思就會細膩些，計算的正確率就能上升。沒想到曉曉升上六年級了，她計算的正確率不僅沒提高，反而下降了。一想到曉曉快要升國中了，她的媽媽急壞了，最後沒有辦法，帶著孩子來找我幫忙。

我給曉曉出了一些計算題，在她計算的時候觀察了一番，最後找出她出錯的三個原因：

1. 注意力不集中。曉曉在計算時，常常思維和書寫不同步。這表現在一邊抄寫，一邊心裡想著下一步的計算方法。一心二用之下，錯誤就產生了。比如，明明題目上的數字是24，可她寫下來的數字就成了42，或是將6看成了9，將3位數看成了2位數，一個步驟計算錯了，整道題全錯。

2. 短時記憶力弱。我出給曉曉做的計算題並不簡單，一道計算題往往需要計算許多步驟，計算途中需要不停地回憶上一步驟。曉曉在計算時經常遺忘或記漏步驟。比如，在連續加法中的某一步忘記進位，這樣的計算無疑會出錯。

3. 不良的學習習慣。曉曉在做題目時，常常是拿到手就寫，她在計算時存在的壞習慣有不仔細審題、算前不分析、不愛打草稿、計算不規範、書寫不規範、算後不檢查⋯等等，這些不良習慣都會導致計算正確率低。

針對這些原因，我給曉曉的解決方法是：

1. 提高注意力

這可以從觀察事物的細節開始，比如出門等公車，在公車來之前，可以注意有多少輛車開過去了，車是什麼顏色的。又比如看一部卡通片時，注意裡面出現了幾個人物。注意力提高了，就能避免在計算中一心二用，正確率就能提高。

第六章 算術天才:找到解題真相,成為數學王

2. 用記憶數字的方法來訓練短時記憶

比如在紙上列一組兩位或兩位數以上的數字,並在規定時間內進行記憶,隨著記憶速度和準確率的提高來增加記憶數字的數量。久而久之,記憶速度便會提高,計算中就能降低遺忘或漏記步驟的機率。

3. 規範計算習慣

我給曉曉制定了一套計算流程:先審題,再動腦,然後計算,最後驗算。在計算中,要書寫工整,態度認真,格式規範等等。

經過一段時間的訓練,曉曉的計算能力提升了許多,正確率也變高了。

據我觀察,學生們在數學計算上老出錯,除了曉曉身上存在的原因外,還有許多,比如視覺錯誤、計算能力差、不良學習心態等等。

視覺錯誤是因為小學生的思維特徵是由現象思維過渡到抽象思維的,所以會不自覺地對相似的、相近的數字或符號產生視覺上的錯誤,這就導致經常看錯、寫錯、漏寫、漏抄、忘記進位和退位等計算上的錯誤。例如比較數值 18+45 與 18+54 的大小,很多學生會因為視覺錯誤而填寫等號。這種錯誤可以避免,方法是讓孩子們準備一個筆記本,專門收集那些容易算錯的題目。透過反覆練習,不僅能刺激他們的大腦避免視覺錯誤,還

能提升他們的計算能力。

計算能力差有兩個原因，一是對小學數學中的概念、性質、算理、法則、定律等基礎知識掌握不牢固；二是缺乏計算訓練。解決方法是，除了掌握計算相關的基礎知識以外，還要進行大量的計算訓練。

小學生在計算過程中會出現三種不良心態：輕視心理、畏懼心理、懶惰心理。輕視心理常常認為計算題是「死題目」，不需要動腦筋就能拿分，正是因為忽視，才造成計算上的錯誤；造成畏懼心理的原因有許多，比如計算題的枯燥乏味、計算量大、計算困難等等，這些都會讓學生產生厭惡、恐懼、缺乏信心等心理問題，進而降低了計算的正確率；擁有懶惰心理的學生不在少數，這類學生在「懶惰」的指使下，常常厭惡計算，計算時經常跳步、心算，進而出錯。

這些不良心態都是因為對計算缺乏興趣而造成的。那麼，如何提高孩子對計算的興趣呢？不妨將計算融入遊戲或比賽當中。這種訓練方式不僅能激發孩子對計算的興趣，還能培養孩子對數學學習的積極性。

計算不僅僅出現在計算題當中，其餘題型也會有計算。計算的正確率高，數學才能得高分；計算正確率低，分數自然就低。所以在計算時，不妨讓孩子想一想自己身上有哪些出錯的原因，對症下藥後，才能提高計算正確率。

第六章 算術天才：找到解題真相，成為數學王

方法用對了，算題就不崩潰了

數學其實就是計算，不論做什麼題目，它都需要計算。可以說，不會計算，學習數學寸步難行。常常有學生家長問我這樣的問題：「我的孩子明明很細心，可是為什麼數學計算題老算不對？」算不對，其實就是不能靈活運用計算方法和計算技巧，不能靈活運用，歸根結柢就是沒能牢固掌握基礎。

李小冉（化名）是一名二年級的學生，同時也是我班裡的一名學生。她的國文和英文成績十分出色，就是數學成績忽高忽低。我觀察過，如果數學試卷上的計算量小，那麼她就能得高分，可是如果計算量大的話，分數就不高。再看她考得不好的試卷，幾乎都有題目沒做完。那麼，是什麼影響她的計算速度呢？

有一次，我在黑板上出了一道四則運算題：$45 \div 5 \times 7 + 65 - 18 = ?$

我喊了兩名學生上來，李小冉就是其中一名。可是當另外一名同學寫完答案後，李小冉還在黑板上打草稿，才計算到乘法這一步。這下我明白了，李小冉運算慢，是因為沒有掌握各種運算技巧。就拿我出的例題來說，二年級的學生應該能快速地心算出除法與乘法這兩步，這兩步運用了乘法口訣表中的「$5 \times 9 = 45$」、「$7 \times 9 = 63$」，後面兩步的話，可以用筆算來計算。

可是李小冉並沒有用心算，而是一步步都靠筆算。小學二年級主要考的就是計算，如果每一道題都用筆算的話，考試時間自然就緊張了。

在遇到計算量大的題目時，應該要先觀察一下題目，看看能運用到哪些計算技巧。小學階段學習的計算方法有口算、筆算，這裡面又包括估算、速算、巧算等計算技巧。下面，我就來說說每一種計算的技巧和訓練方法。

口算，它是筆算的基礎。小學生在做四則運算時，口算要依照乘法口訣表來運作，一般都用在兩位數以內的數字，這樣準確率才會高。口算對計算速度、思考速度要求很高，而速度並不是一天，兩天就能訓練出來的，它必須要持之以恆地去訓練。我在教學時，一般會在剛開始上課時準備十道口算題，讓學生搶答，或是讓學生將答案寫到小本子上，這個方法能有效地鍛鍊學生的口算能力。學生之間也可以相互出題來訓練。

筆算，就是用筆來計算。做一道計算題時，如果一眼看不出答案，或是沒有技巧可言時，只能用筆算去計算。筆算雖然耗費時間，但是準確率高。

估算，就是大致的計算。比如數學中的比較數值大小，它就不需要非常精確的結果，可以運用估算來解決問題。這不僅能節約做題時間，而且也不影響準確性。另外，對於一些需要精算的題目，來不及檢查時，也可以用估算去檢驗答案是否正確。

速算和巧算，其實就是平時所說的簡便運算。面對一道運

第六章 算術天才：找到解題真相，成為數學王

算量大的計算題，要先觀察題目有沒有運算技巧，看看能用到哪些運算定律。這種運算方法一來可以提高解題速度，二來能讓計算變成一件簡單的事，進而提高學生的自信心。這兩種計算都有口訣和竅門，需要學生自己去記憶和運用。

不管哪一種計算方法，或是技巧，想要達到理想的效果，都少不了平時的訓練。所以，我經常和學生們強調一點，在做計算題時，不要再盲目地去計算，要選擇適合的計算方法和技巧，在平時多自覺地進行相對的訓練，這樣才能提高做題速度和正確率，保證在數學科目上能有個好成績。

在小學數學習題中，總能碰到一些計算量大的計算題。遇到這樣的題目時，我會提醒學生們先不要急著拿筆計算，要先觀察一下題中有什麼技巧和規律，因為這類題很少會讓學生硬算，它往往是考核學生的速算能力。

速算是小學數學中一種神奇的演算法，也稱「簡算」、「快速計算」，是口算與筆算結合下的產物。速算主要依靠速算定律去計算，對學生的要求極高，不僅要熟練掌握速算定律，而且還要具有敏銳的數感和活躍的數字思維。

我在這裡舉一個經典例子。

一天，著名的物理學家愛因斯坦生病了，朋友們都去看望他。為了給他解悶，有人給他出了一道乘法題——「2974×2926=？」

愛因斯坦幾乎沒有思考，他立刻報出了正確答案：「8,701,924」。

朋友吃驚不已,愛因斯坦怎麼會算得這麼快?

看到這裡,相信很多人會為愛因斯坦的高智商按讚吧!其實,愛因斯坦在這裡用的就是速算法。他觀察了一下題目,發現 74+26=100,所以就先用 2900×3000,算出答案等於 8700000,而 74×26=(50+24)(50－24)=50×50－24×24=1924,把兩個答案加在一起,就得到了 8701924。這種速算法其實就是乘法分配率。

小學數學速算法是提高學生數學運算、推理與交流的重要途徑,也是考核學生計算與運用能力的重要方法,每一個學生都該具有速算能力。

那麼,我們該怎麼培養孩子們的速算能力呢?我整理成幾個方面的建議:

一、練習速算基本功 —— 口算

口算是速算的基本,是速算正確率的保證。練習口算時,不能單一地追求速度,要弄清楚算理,這樣才能有效地掌握口算基本方法,為速算打下深厚的基本功。

二、熟練掌握速算定律

速算定律是速算的理論依據,學好速算,就要掌握速算相關的公式、法則、規律等等。在記憶這些定律時,還要弄明白定律的特點。

第六章 算術天才：找到解題真相，成為數學王

三、整理歸納多種速算方法

在速算時，除了運用速算定律，也可以加入其他的速算方法來輔助計算。比較常見的速算方法有湊整法、分解法，以及速算技巧。

湊整法是根據題的特徵，運用計算定律和性質使運算資料湊整，使用最多的有連加湊整、連減湊整、連乘湊整。

連加湊整是算式有幾個數相加能湊成整十、整百、整千等的話，可以利用加法交換律調換位置後再進行計算。例如「24+48+76=？」，觀察題中數字的特點後，可以調換成「76+24+48」。

連減湊整法是從被減數里連續減去幾個數，如果減數的和能湊成整數的話，可以把減數先加，然後再減。例如「164－13－7=？」，可以先將 13 加 7，得出整數 20 後，再用 164 減 20。這樣計算比較簡便。

連乘湊整道理一樣，如果發現算式中有數字相乘能得整數，就用乘法交換率調換位置。例如「25×17×4=？」可以調換成「25×4×17」，先算第一步，然後再算後一步。

分解法其實就是將算式中的特殊數拆解，然後分別與另外的數運算。例如「25×32×125=？」可以分解為「（25×4）×（8×125）=100×1000」。

在小學數學中，常用的速算技巧有三個：

頭差 1 尾合 10 的兩個兩位數相乘的乘法速算，即用較大的因數十位數的平方減去它的個位數的平方。例如「48×52=2500－4=2496」。

首同尾合 10 的兩個兩位數相乘的乘法速算，即其中有一個十位數上的數加 1，再乘以另一個數的十位數，得到的積做兩個數相乘的積的百位、十位，再用兩個數個位上的數的積作為兩個數相乘的積的個位、十位。例如「14×16=224」，其中「4×6=24」，24 分別作為個位、十位，「(1+1)×1=2」，2 作為百位，即可得到答案 224。如果兩個個位數相乘的積不足兩位數，則需要在十位上補 0。

利用「估算平均數」速算。例如「712+694+709+688＝？」，觀察算式得到平均數 700，將每個數與平均數的差累計，可得 12-6+9-12=3，最後計算為「700×4+3=2803」。

最後，還需要熟記一些常用的資料，例如乘法口訣表、圓周率、1 至 20 的平方數、20 以內的質數表等等。當孩子掌握這些知識後，最主要的還是要做多種多樣的速算練習。當然，數學中的速算技巧遠遠不止這些，相信老師在平時的課堂上也講了許多，孩子們應該自己去累積，靈活運用。

第六章　算術天才：找到解題真相，成為數學王

趣味數學，讓 123 也可以不枯燥

數學是一門科學，也是一種智慧，是人類理性文明發展的結晶。可是這門高尚的學科本身有許多「缺點」，它枯燥、深奧、抽象，令許多學生對它產生不了興趣。一個學生，如果沒有興趣、沒有動力地去學習數學，那麼只會越學越差，最後演變成厭惡數學，這是一個非常不好的惡性循環。

數學是枯燥的、深奧的、抽象的，這是一個不爭的事實。除了某些特別聰明、特別有天賦的孩子之外，一般孩子是不會對數學感興趣的。但在這裡，我想對所有不喜歡數學的孩子說，學習數學並不是得悶著頭去學，也可以走一些小捷徑。比如，把枯燥的數學題變成了有趣的故事和遊戲，孩子們還會討厭嗎？

劉婷（化名）是我的學生，今年上六年級了，她的數學成績特別好，可是大家不知道的是，在剛上一年級的時候，她的數學成績很不理想。她能重拾對數學的興趣，並取得如今的好成績，多虧了她的媽媽。劉婷的媽媽是怎麼做的呢？在一次家長會上，這位媽媽將她的心得分享給了其他家長。

劉婷媽媽說，剛上一年級時，劉婷就表現出對數學的不喜歡，每次讓她數數時，她都很抗拒，那些個位數的加減法計算，可以說做一道錯一道。後來，她意識到不能再強迫孩子學習

了,不然效果只會適得其反。於是,她嘗試著將數學知識編入故事裡。比如劉婷喜歡小白兔,於是她就用數學編了一些小白兔的故事。像小白兔是一個聽話的好孩子,牠的學習成績很優秀。在期末考試的時候,小白兔考了第一名,於是兔媽媽就獎勵了小白兔5根胡蘿蔔。小白兔捨不得吃,就將胡蘿蔔收藏起來了。晚上,兔爸爸回來了,知道小白兔考了一個好成績後,又獎勵小白兔8根胡蘿蔔。現在,小白兔有多少根胡蘿蔔呢?

每當劉婷聽完這些有趣的故事,都一臉入迷,有時候不用她提問,孩子也會主動計算故事中暗藏的數學題。就這樣,她利用這些有趣的小故事,以循序漸進的方式幫助劉婷建立對數學的概念。起初只是一些簡單的數數,然後再到加減乘除運算。久而久之,劉婷變得善於思考起來,對數學產生了濃烈的興趣。這個興趣陪伴劉婷到六年級,而她也不用再擔心孩子的成績。

其實,除了用講故事的方法學習數學外,還可以用玩遊戲的方法培養對數學的興趣。小學生正是愛玩的年紀,遊戲對他們有很大的吸引力,自然也能樂在其中,進行學習。

有一段時間,我教學生們學習與「倍數」相關的知識後,大部分孩子的學習熱情不高,為此我設計了一個與倍數相關的遊戲。在遊戲開始時,我會先選定一個數字,比如7。我說出一個數字後,點名讓學生回答是不是7的倍數,如果孩子說對了,則讓孩子選個數字,點名讓其他學生回答,以此類推。當然,

第六章 算術天才：找到解題真相，成為數學王

在遊戲之前可以定一個獎懲規則，比如贏了的同學可以獲得糖果、水果，輸得同學要洗好水果給贏的人吃等等。

數學並不是虛擬的，它源於生活，是對現實世界的一種思考、描述、解釋等。讓孩子藉助故事和遊戲理解數學概念，會讓數學知識變得直觀、形象，不僅能讓孩子毫不費力地理解、運用數學知識，而且還能提高他們的數學計算能力、抽象理解能力、學習興趣等，可謂一舉多得。

「題海戰術」對成績幫助並不大

不論是學生，還是家長，似乎認為提高數學成績的方法就是多做、多練，於是在做課後習題時，就大搞「題海戰術」。不可否認，學習數學確實離不開做與練。但是過量的做與練只會讓學生走向極端，變成死做、死練。用這樣的方式學習數學，學生不僅感到枯燥和疲憊，而且還很浪費時間，也對成績沒有一點幫助。

我有一個學生成績一直相當優秀，在小學畢業時獲得全校第一名的好成績，是一個典型的學霸式人物。更令大家羨慕的是，這個孩子並不是大家印象中的「拚命三郎」，他沒有看太多的課外參考書，就連練習題也做得不多。不過，但凡他做過的習題，一定是精挑細選過的，而且只要是做過，他就能完全

掌握。

數學是一門邏輯性很強的學科，數學題是根據知識點編出來的，每一個知識點都可以編出多種多樣的題目。但歸根結柢，題目的性質和本質並沒特別的變化，它所使用的知識原理是相同的。所以我不提倡孩子們採用「題海戰術」，盲目地埋頭死學，那樣太累人，效率也低。要做就做典型的、有代表性的題目，爭取最高的學習效率。

具體如何做呢？我有幾點建議：

一、多做教材中的例題和習題

數學課本上，每一個知識點都會用例題佐證，這些例題能夠清晰地闡述知識點。為了驗證孩子們是否掌握了知識點，透過做教材上的練習就能驗證出來，而且這些練習還能鞏固孩子學習到的知識點。另外，每一次數學考試，老師都將題目出得變化多端，但萬變不離其宗的是，題目都有教材的影子。可見，教材中的例題和習題絕不能忽視，一定要讓孩子認真地去完成，直到能熟練掌握、靈活運用。

二、多做不同類型的題

同樣一個知識點，老師透過改變結構，更換條件和結論，就能編出許多類型的題目，比如填空題、判斷題、選擇題、應

用題、計算題等等。可以讓孩子做各式各樣的題型,從不同的角度去驗證他們是否牢牢地掌握了知識點,能否靈活地運用。這樣的訓練可以增強孩子解題的自信心,就算在考試中遇到同類型的題目,也能沉著應付。

三、多做自己薄弱點的題

做題的目的是什麼?主要是考核自己是否掌握了學習的內容,發揮查缺補漏的效果。當孩子遇到不會解的題目時,毫無疑問,一定是對題中所運用到的知識點不熟悉。這時候要提醒孩子將精力放在那些薄弱的知識點上。一方面重新回顧教材中的知識點,另一方面透過做題來彌補自己的不足,鞏固知識點,提高解題能力。此外,對於過去經常做錯,或存在問題的題目,一定要階段性地練習。這樣才能彙整經驗、避免犯錯、鞏固深化,達到做題的理想效果。

四、根據自身的學習基礎來做題

每個學生的學習基礎都不同,有的學習基礎好,有的學習基礎相對比較落後。如果學習基礎好的學生去做一些簡單的題目,無非是浪費時間。反之,學習基礎較差的學生去做難的題目,也是在做無用功。所以,學生應該根據自身的學習基礎來做題。學習基礎好的,可以做一些進階題、綜合題,學習基礎較差的,可以先做一些基本題,然後再提高難度。

速解應用題，關鍵在審題

在小學數學教學中，應用題是一個重點。應用題是考試卷中的必考內容，而且每道應用題的分數占比都很大。往往學生只要錯幾道應用題，那麼數學就算是考砸了。應用題也是比較難的一個環節，許多學生學不好數學都是因為栽在了應用題上。所以我經常提醒我的學生，應用題就像是森林中的陷阱，稍不留神就會掉下去。

我班裡有一名學生，名叫王博（化名），他的速算能力很強，在全國中小學生速算比賽中獲得過不錯的名次。按理說，他的思維轉得快，數學成績肯定好，可是事實上並不是這樣，每一次數學考試，他都剛好考及格。翻閱他的試卷後，會發現他的丟分點全在應用題上。我特地分析了一下他做不好應用題的原因，最主要的關鍵是不會審題。比如一道含有混淆字眼的應用題，他往往察覺不了，最後肯定做錯。所以，要想提高數學成績，就該在應用題上多下功夫。

審題，就是認真讀題。許多學生一直認為數學應該是一門很省力的功課，不需要花多少時間去讀題，只有國文才需要花時間一遍遍地讀。其實，這種想法是錯誤的。數學是一門綜合型極強的學科，它不僅對邏輯思維有要求，對語言的理解能力要求也很高。解決應用題的關鍵就是讀題，讀題可以讓學生了解題中的資訊和條件。

第六章　算術天才：找到解題真相，成為數學王

有些應用題雖然看起來很簡單，但實作起來並不容易。讀應用題並不是泛泛而讀，它要求讀透、讀懂、讀進心裡。絕大多數學生做錯應用題就是因為沒有讀好題。讀的時候走馬看花，等讀完後，腦海一片空白，沒有一點解題的思路。在這樣的情況下，學生往往就會做錯，甚至錯得離譜。

俗話說「書讀百遍，其義自見」，意思是書要熟讀才能領會書中的含義。這句話放在數學的應用題上同樣受用。做應用題，就是需要認真審題讀題。

審題讀題之後就要思考題意，根據這些年的教學經驗，我整理出三種思考方法：

方法一：順題思考

一道題讀完後，題中的已知條件是什麼，數量關係又有哪些？在數量關係中，哪些是題目中有的，哪些又是自己想出來的？其實，這些數量關係就是題目提出的問題。順著題目，將條件一一列出來，那麼題意就很清晰明瞭了。

方法二：問題思考

在讀題之前，要先看一下題目提問的是什麼。讀完題後，想一想要解決這個問題，需要知道哪些條件，這些條件當中有哪些是題目給出的，哪些是自己思考出來的。根據這些條件，

再去思考題中的數量關係。理清思路後,問題自然迎刃而解。

方法三:認真解答

許多學生在有了思路後,心裡就沒了負擔,以為知道正確答案就一定能得滿分。其實未必,答案是一步步得來的,其中少一步,或是有一步出錯,那麼就會被扣分。所以在解答時,絕不可掉以輕心,要一步步仔細寫好步驟,遵從數學的嚴謹性。

按照以上步驟學習數學,您的孩子一定能學好數學應用題。當然,前提是您的孩子必須掌握所學的每一個知識點。

做好思維訓練,幾何難題不見

在小學數學中,學習幾何是重要一環。小學階段的幾何內容並不多,主要有簡單圖形的了解,圖形位移、測量,簡單圖形的周長、面積與體積等等。我聽過很多孩子對幾何的抱怨:「學起來太難了!」到底難在哪裡呢?恐怕大部分都是因為小學生的空間思維還依賴於直觀事物和生活經驗,以及空間想像能力有待提升。

如果說數學考核的是學生的邏輯思維能力,那麼幾何考核的就是學生的空間邏輯思維能力。既然如此,解決方法也就顯

第六章　算術天才：找到解題真相，成為數學王

而易見了。要想孩子學好數學中的幾何，那就要提高他們的空間觀念和思維能力。

幾何與生活十分貼近，幾乎處處都能運用到幾何。

當我兒子在快要學習到幾何之前，為了培養他對幾何的興趣，我便引導他去留心我們身邊的「幾何」。比如家中的水桶，我常常會問他，為什麼水桶總是圓形的？它為什麼不是長方形和三角形的？於是，孩子為了弄懂這個問題，就會自己去做小模型，會得出「圓柱形最牢固，裝的水最多」的結論。又比如家中的人字梯，我會問他，為什麼梯子要設計成三角形的？於是他會不停地擺弄梯子的形狀，最後得出「三角形具有穩定性」的結論。

漸漸地，兒子便對幾何充滿了好奇心，他時常會主動地觀察與幾何相關東西，比如他在路邊看到蜘蛛結出的蛛網時，總是會停下來觀察蛛網的形狀，想一想為什麼蜘蛛要把網結成八卦形的；又比如看見蜜蜂的蜂房時，他會數一數每個蜂房有幾條邊。所以，我兒子學習幾何時並不會覺得費力，而且很愉悅。

興趣是最好的老師，我已經不止一次強調過這一觀點。不管孩子學習什麼，只要對學習的內容感興趣，那麼學習成績就一定不會差到哪裡去。在正式學習幾何內容時，我希望每一個孩子都能掌握三個學習方法，也希望每一個孩子都能由衷地說一句：「原來幾何這麼有趣，原來幾何一點都不難」！

方法一：多觀察

小學階段學習的幾何都是比較簡單直觀的。因此，多觀察對學好幾何特別有利。例如，當學習「直線」時，可以讓孩子透過觀察身邊的馬路，進而明白直線的特點是「直的」、「無限長的」；學習「射線」時，可以讓孩子觀察手電筒發出的光線，明白射線有一個端點，從端點出發的線可以無限延長；學習立體圖形時，不妨讓孩子多多觀察房間、櫃子等物體，不僅能觀察出立體圖形的特點，還能建立起空間概念。觀察也有助於孩子做幾何習題。

方法二：多動手

小學階段的幾何往往需要透過動手來加深理解。比如畫圖，孩子們透過對圖形的描繪，腦海會有更深刻直觀的印象。像在學習「角」時，為了明白「角的大小由兩邊線條張開的距離決定，與邊的長短無關」的概念時，想像理解比較抽象，藉助畫圖，就能清晰明瞭。這時讓孩子畫出許多不同邊長的角，透過量角器的測量，就能理解這個概念；又如測量，可以讓孩子用直尺測量書本的長度、課桌的高度等，這在無形中能培養他們對幾何的感悟力，讓他們對長度十分敏感，能夠準確地估計一個物體的長、高、寬。

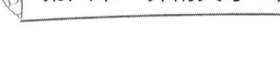

第六章　算術天才：找到解題真相，成為數學王

方法三：多思考

在幾何學習中，有許多圖形都大同小異，例如正方形、長方形、梯形，直線和射線等，在學習這類圖形時，一定要讓孩子多思考，透過分析和對比，找出這些圖形的相同點和不同點。對於幾何中的公式、定理，可以讓孩子嘗試著自己去推導、驗證，這樣才能學得有趣，記得牢固，進而取得好成績。

擴散性思考，讓數學成績起飛

數學是一門延續性很強的科目，小學階段的數學學習其實是為了以後在國高中的數學學習打基礎。小學階段數學學得好與壞，對以後的學習生涯有很大影響。怎麼學好數學？關鍵就在於擴散性思考。擴散性思考表現為思維視野廣闊，呈現出多元發散狀，如「一題多解」、「一事多寫」、「一物多用」等方式。

想要知道您的孩子擴散性思考能力怎麼樣嗎？這裡有一道有趣的測試題：

0 是 8 的一半。對不對？

「0」怎麼可能是「8」的一半呢！如果您的孩子是第一次聽到這個命題，一定會迅速否決，想了很長一段時間之後，才會恍然大悟：0 是一個圈，8 是兩個圈，所以 0 是 8 的一半。

現在有了這個答案,這時,再看下一個問題:

3是8的一半。對嗎?

這一次,您的孩子一定能很快就想到「3是兩個半圈,8是兩個整圈,所以3是8的一半」。

這個有趣的測試題在帶來快樂的同時,也帶來了兩個啟發:

首先,擴散性思考需要擺脫固有的思維模式,比如見到「0」和「8」,只能想到它們代表的數目。看到「0是8的一半」這樣的命題時,首先想到從數量的概念上去比較,而這種比較是不可能得出命題中的結論的。「0」是一個圈,「8」是兩個圈,這是數字的形狀,而這種形狀沒有人去注意它,這種被人忽略的特徵正是超出固有思維模式之外的東西。

其次,擴散性思考是可以培養的。就像我說的測試題,如果您的孩子想通了第一個命題,其實這就是一個思考模式的培養過程。有了這個「培養」,當您的孩子看到第二個命題時,就會很快找到答案。

看到這裡,可能會有家長問,這種類似「腦筋急轉彎」的題目,在平時的遊戲中玩玩還可以,在孩子的學習中真的有用嗎?相信許多人一定聽過數學家高斯的故事。

有一次,高斯的老師在黑板上寫下這樣的題目:「1+2+3+……+100=?」當同學們還在埋頭演算,絞盡腦汁時,高斯就已經說出了答案「1050」。這個故事流傳太廣了,後面的情節和

第六章　算術天才：找到解題真相，成為數學王

高斯的演算法大家也一定知道。之所以提這個故事，只是想證明，「擴散性思考」在學習中確實是有用的，「擴散性思考」可以讓孩子拿到高分。

如何培養孩子的擴散性思考呢？下面這些簡單的辦法不妨一試。

方法一：試試用不同的方法解題

找出答案是解題的目的，但是找到答案的方法往往有很多種，而在解題過程中只會用到一種方法。這就好比登山，登頂是你的目的，上山的路卻有很多條。你挑選了一條路登山，是這條路上的花開得漂亮，吸引了你。可是別的路上是不是也有漂亮的花呢？你不知道，說不定在另一條路上會有更美的風景也未可知，所以不妨多走幾條路。

在這裡，我再舉一個有趣的測試題。村邊有一棵樹，樹底下有一頭牛。牛的主人用兩公尺長的繩子拴在牛的鼻子上。一會兒，主人拿著青草來了，他將青草放在距離樹 3 公尺遠的地方，然後就去休息了。等他再次回來時，牛居然把青草全吃光了。牛鼻子上的繩子沒有斷，也沒有被解開，那麼牛是怎麼吃光青草的呢？

從不同的角度去思考，就能得到不同的答案。比如：牛的身子加上繩子的長度，就不止 3 公尺了，牛用腿把草勾到身邊，然後就能吃到了；題目只是說樹底下有一頭牛，並沒說牛拴在

了樹上,有可能主人放青草的位置就在牛身邊;也有可能是在主人離開期間,有人把草拿到了牛身邊等等。答案有很多,關鍵就在於如何去思考,從什麼角度去思考,這就是擴散性思考。如果您的孩子能想出許多種答案,那麼孩子的擴散性思考還算不錯,可是如果想不出來,或是只能想出一種,那麼鍛鍊他的擴散性思考就迫在眉睫。

劉子堯(化名)是我的學生,特別聰明,是班級裡的「小學霸」。他每一門功課都很拔尖,尤其是數學。他在做一道數學題時,往往會用好幾種方法算出答案。這樣的能力連我們老師都很佩服,也讓其他同學崇拜不已。那麼他是怎麼做到的呢?原來,劉子堯的爸爸也是一位數學老師,每次劉子堯做數學題時,爸爸都要求他用不同的方法去解題。一開始劉子堯有些牴觸爸爸的做法,但久而久之,他就發現了用多種方法解題的樂趣,並對數學越來越有興趣,腦子也越來越靈活。

不求唯一答案,這是擴散性思考的重要特徵。所以,當孩子做好一道數學題時,不要急著讓他去做別的題目,要讓他們好好思考一下,這道題是不是還有別的解法。孩子在嘗試其他解題方法時,既擺脫了慣有的思維模式,又能激發出新的思維。

方法二:多與他人討論解題方法

鼓勵孩子多與他人討論題目的解題方法,這樣一來能讓他人知道孩子的思考模式,二來也能讓孩子知道他人的思考模

式。透過共同的討論，不僅能打破孩子原有的思維局限，還能開拓和延伸他們的思維。再來，孩子與人討論的過程中，可以完善他們的思路。

方法三：學會質疑，多問為什麼

小學生的求知欲、好奇心十分強，對各式各樣的事物都存在著疑問，這些疑問恰好是啟動擴散性思考的動力。數學中常有化簡題，比如「0.9：0.45」，常規的化簡方法是：0.9：0.45=（0.9×100）：（0.45×100）=2：1。那麼，能不能這樣做：0.9：0.45=0.9÷0.45=2：1，將「比號」相當於「除號」？如果您的孩子有這樣的疑問，那麼他的擴散性思考已經在運作了。至於合不合理，相信老師會很樂意回答孩子們的奇思妙想。

體驗式學習，讓實踐帶來真知灼見

數學是一門讓人感覺乏味的學科，也是一門需要去實踐的功課，在實踐中學習數學，不僅會激發學生對數學的興趣，而且還能培養學生的綜合能力。

曾經有一位外國老師要教學生認識蚯蚓，課堂上，他發給每一個學生一條蚯蚓，並讓他們自己去動手研究。學生們的研究方法五花八門，有的用小刀割斷蚯蚓的身子，有的把蚯蚓打

成一個結,還有的將蚯蚓穿在針線上……試想,這樣的授課方式放在我國是不是很天方夜譚?但不得不承認的是,外國學生經歷過親身體驗與實踐後,他們能獲得許多意想不到的知識。這些實踐中學到的知識比老師講解的知識更加豐富與生動。

為什麼不少小學生對數學會產生一種枯燥乏味、神祕難懂的印象?我想原因之一便是我們的數學教學常常脫離實際。在我的教學過程中,我經常會提醒自己,數學教學不能只重視理論知識,而應該連繫學生的生活實際,讓學生在實踐中學習它,這樣使學生感受到生活是離不開數學的,數學知識是非常有用的。

有意義、有價值的教學,不是填鴨灌輸式教學,而是體驗式教學。這個問題難就難在如何落實到教學實踐當中。小學生的實踐能力是有限的,但不能因為他們實踐能力有限而不讓他們在實踐中學習數學。相反,正因為他們的實踐能力欠缺,所以更應該為他們創設實踐的機會。

那麼,家長該怎麼帶孩子去實踐數學呢?

一、從生活中去實踐

生活是一個大課堂,它有著豐富多彩的課程資源。生活是實踐數學的最佳場所,我們可以與孩子一起從生活中尋找數學中的知識點,也可以將知識點引入實踐當中。

我記得我兒子在上小學六年級時,每一次做到關於「銀行利

第六章 算術天才：找到解題真相，成為數學王

息」的題目，他都會出錯，時常分不清「本金、利息、利率、存期」之間的關係。為了讓他分辨清楚，並牢記於心，我便帶著他去銀行，專門讓他觀察儲戶存錢、取錢的過程。透過觀察，他明白了存入銀行的錢叫「本金」，取款時銀行多支付的錢叫「利息」，「利息」與「本金」的比率叫「利率」，利息的計算公式是「利息＝本金 × 利率 × 存期」等相關的資訊。此後，他再也沒有做錯過這類的題目。

二、在動手中去實踐

孩子天生具有活動實踐的天性和創造成功的欲望，在學習數學時，我們要解放並利用孩子的這種天性，應該放手讓他們在「做中想」，在「想中做」。

小學數學中有許多課題是可以動手去實踐的，比如我曾經給學生上「三角形」這一課，為了讓學生掌握「三角形具有穩定性」這一定律，便給他們安排動手實踐的作業。我讓學生回家後，用小木條製作可以活動的各種圖形，並找出這些圖形中哪個圖形最穩定，這個圖形運用於生活中的哪些地方。透過動手，學生們不僅能掌握三角形具有穩定性的定律，還知道了三角形包括等腰三角形、直角三角形、鈍角三角形、銳角三角形等。所謂「眼看百遍，不如手動一遍」，說的就是這個道理。

三、在交流中去實踐

　　交流是一種快捷的實踐方式。孩子們在交流時，不僅能參與數學學習的過程，還能在分析問題、解決問題的過程中學會思考，學會合作。交流後獲得的知識更讓他們印象深刻，也會對數學產生濃厚的興趣。

　　數學源於生活，寓於生活，用於生活。將數學與生活連繫在一起，開展必要的實踐活動，將數學與實踐相結合，數學就將不再是枯燥無味的數字遊戲，而是一門看得見、摸得著、用得上的學科。這將有助於孩子提高學習的積極性。積極性提高了，效率提升了，更為重要的是自己運用已有的知識來解決實際問題。

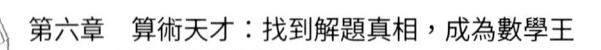

第六章　算術天才：找到解題真相，成為數學王

第七章　博聞廣記：
做全才，才有更好的未來

　　孩子能夠成為什麼樣的人才？這得問問家長想要孩子成為什麼樣的人才。我們教育的根本是喚醒，本質在啟用，關鍵在於提升。喚醒孩子的生命內力，激發其個人潛能，使之全面發展，是一個美好的目標，需要家長、老師、孩子的共同努力。

第七章　博聞廣記：做全才，才有更好的未來

讓寫出的字，像本人一樣漂亮

我可以從一個學生寫的字判定他是什麼性格，你相信嗎？

例如，如果一個學生寫的字有稜有角，我會說這個孩子性格比較剛強，謹慎認真、頭腦冷靜，上課時很規矩，適合擔任班長、課代表之類的職務；如果一個學生寫的字總是潦草、字形飄忽，說明這個孩子喜歡引起別人注意，喜歡表現，做事比較迅速但卻有些魯莽，這樣的學生一定要多監督、多督促他的學習；如果一個學生寫的字很圓潤，說明這個孩子性情隨和、善解人意，一般在班上是人緣最好的。

透過筆跡去分析一個人的性格習慣，說來有些神奇，但並不是沒有科學根據的。我們常說「字如其人」，字和人一樣，也講究骨、肉、血、精、氣、勢，字寫得好看與否，是一個人對寫字的態度問題。就比如我可能因職業關係，平時追求完美，性格比較嚴謹，我就不允許自己的字跡潦草、雜亂無章。

我常常對自己的學生說，「字」是人的第二張面孔。但是，許多學生並不在乎自己的字寫得是好是壞，也不願意在練字上花工夫，甚至認為練字是一件沒有意義且浪費時間的事情。其實不然，練字可以帶來許多好處。

我的兒子從小就調皮搗蛋，一到寒暑假，整天都在外玩耍，是社區裡不折不扣的孩子王。記得有一次放暑假，兒子因為搶

玩耍的「地盤」，和一個年紀相仿的孩子起了爭執，衝動的他打了人生中的第一場架。回家後，我免不了責罵了他一頓。同時，我也覺得，必須要做些什麼事情來磨練一下他衝動的性子。想到他寫得慘不忍睹的字，我便覺得練字是個不錯的法子，於是給兒子安排了一項練字任務。兒子皺著眉頭，一臉拒絕：「媽媽，我不要，好端端地練什麼字呀？再說，我成績不錯，字寫得不好也沒關係」。

「字如其人，你寫的字不好看，當然要練。而且，練字的好處有很多。等你寫出一手漂亮的好字後，你就明白練字的妙處了。」我不容拒絕地說。

最終，練字成為板上釘釘的事實。這項練字工程的具體任務是，每天描摹一頁字帖，然後在練字本再寫上十個字。完成這些，大概一個小時就夠了。可是，兒子個性急躁，常常是半個小時不到就完成了，完成的品質可想而知，不是字寫出描摹的字形外，就是描摹不吻合，而練字本上寫的十個字，更是醜得讓我火冒三丈。

為了好好「治治」兒子，我跟他說，如果哪個字寫得不能讓我滿意，那麼就將這個字再寫 10 遍。那一天，一共有 5 個字不達標。兒子願賭服輸，將那 5 個字每個都又寫了 10 遍。寫完後，他準備出去玩，我立刻叫住了他：「你還不能出去玩，我還沒有檢查你寫的這 50 遍字呢」。

兒子一臉不妙，越發覺得我有陰謀詭計，事實也確實如此。

第七章　博聞廣記：做全才，才有更好的未來

我對他說：「這 50 個字裡，有 19 個字不達標，按照一個字不達標重寫 10 遍的規則，你需要再寫 190 個字。等寫好後，我會再檢查，寫不好的字還會重寫 10 遍。以此類推」。

「媽媽，這樣下去，字會越寫越多。」兒子生氣地說。

「這是你自己答應的，如果你反悔的話，那媽媽下一次答應你的事也會反悔。」我一點也不擔心兒子耍賴，因為制伏耍賴的方法就是比他還要耍賴。

經過這一次之後，兒子不再趕時間了，每一個字都寫得認認真真。看到字寫得工整漂亮，他越發有練字的動力，性格也在不知不覺中變得沉穩起來。

從事教育多年，我發現這麼一個奇怪的現象，那就是凡是字寫得好的學生，他的成績都差不到哪裡去。因為練字是一種心態，可以修身養性、陶冶情操。練字需要有耐心，所以練字是戒掉馬虎、心浮氣躁等陋習的有效方法，也是培養耐心、培養認真學習態度的有效手段。這些好習慣養成了，也讓學習受益。

對學生而言，最大的益處是工整漂亮的字跡可以給卷面加分，直接影響著學習成績。試想，老師閱卷是一項非常艱鉅的任務，如果學生寫的字太潦草，不工整，不僅影響整張試卷的美觀，而且讓老師辨識起來非常吃力，他就可能把一個單字、一個字詞看錯，尤其是作文，有可能將作文的分數打得偏低。

寫一手好字，對每個孩子來說都是迫在眉睫的事情，那麼該怎麼幫助孩子練出一手好字呢？

方法一：姿勢要正確

有的孩子字寫得差，這與其坐姿、書寫姿勢的錯誤有關，比如歪著或趴著身子寫、本子沒有放正、頭和書本的距離過近、執筆姿勢不正確等。這樣一來即使有寫好的願望，書寫的品質依然會比較不好。因此，在教導孩子練字前，一定要先糾正他們的寫字坐姿和握筆姿勢。寫字坐姿在於八字箴言——「頭正」、「身直」、「臂開」、「足安」。

「頭正」指坐在桌前，擺正頭與脖子，並略微前傾，視線落於紙面。「身直」，指胸部靠近桌邊，腰背挺直，肩胛骨和腹部稍微內收。「臂開」，即上臂自然張開，放鬆前臂、手腕與手。臂膀貼於桌面，一手按紙，一手執筆。「足安」，指兩腳落地，腳間寬度與肩膀寬度一致。

至於握筆姿勢正確與否，直接影響到書寫是否規範、整潔。正確的握筆姿勢是右手執筆，在距離筆尖 2.5 公分的地方，自然彎曲大拇指與食指的關節，兩指緊夾筆桿。中指的第一個關節托住筆桿下端，無名指、小指自然彎曲蜷縮於手心。筆桿向右後方傾斜，緊貼於食指第三關節和虎口之間。同時，要根據孩子的手選擇粗細、重量合適的筆。

正確的寫字姿勢和握筆姿勢有利於孩子將字寫端正，也有

第七章　博聞廣記：做全才，才有更好的未來

利於保護他們的視力與身體的正常發育。這一點，我們家長絕不能忽視。

方法二：選一本好字帖

既然要練字，最好要有一本字帖。字帖是學習書法的範本，也是傳播書法的主要載體。對練字來說，字帖有一定的借鑑作用，就像讓孩子學畫畫一樣，只有先畫得像，然後才能畫得真。當然，字帖不能胡亂地選擇，也不能胡亂地描摹。

家長在為孩子選擇字帖時要注意三點：一，字帖要帶有筆畫步驟，這樣可以從「認字」做起，改正寫錯筆畫順序的缺點；二，在小學階段要選擇楷書，從寫端正的字開始。楷書練好後，再考慮其他字型的字帖；三，選擇著名書法大師的字帖，因為大師的字匯聚了他們的心得體會，字型禁得住考究。

方法三：先觀察，後動筆

選好字帖後，不要急著讓孩子臨摹，要讓孩子先看，觀察字帖上每一個字的框架結構、筆畫位置，再讓他們說說每一筆畫的位置、筆畫的先後次序。等詳細了解後，再動手描摹。經過這個過程，孩子對所要書寫的字有了較詳細的了解，寫起來自然胸有成竹。根據孩子書寫的具體情況，家長還可以提一些建議，如落筆時用勁的大小，每一個字都要一氣呵成地寫好……

這些良好的練字習慣，要從孩子拿到字帖開始寫下第一個字時培養，並且要長期堅持。練過一段時間的字後，可以鼓勵孩子脫離字帖，嘗試著自己寫一寫，不必要求孩子寫出某種字型，但必須工整清楚。為此，家長可以多向孩子解釋書寫不清的壞處和書寫清晰的好處。

寫一手好字能讓孩子終身受益，家長們必須特別重視。但練字和養成良好的書寫習慣都不是一朝一夕可以完成的，因此不能急於求成。當孩子產生急躁情緒，甚至想要放棄時，家長要不斷鼓勁孩子，對孩子的每一個小小的進步加以表揚，如此，孩子就會更努力，寫的字也會越來越好。

多讀書讀好書，腹有詩書氣自華

對於兒子和學生們的學習，我有一個強制性要求就是──多閱讀。因為透過多年的教學實踐，我發現凡是從小有大量閱讀課外書的孩子，他的智力狀態和學習能力都會更好，而缺少閱讀的孩子，學習能力一般都表現得相對平淡，哪怕是寫作業的速度，一般來說他們也比那些閱讀量多的同學要慢得多。

但是一些學生和家長，甚至是部分非國文類老師對課外閱讀的認知也失之偏頗，認為課外閱讀又不考試，甚至多讀課外書會耽誤學習成績。曾經就有學生向我反映，說家長不讓其買

第七章　博聞廣記：做全才，才有更好的未來

課外書,我了解一番後才知道,原來家長以為課外書是閒書,對學習沒有益處。殊不知,課外閱讀與課內學習是相輔相成的,更是缺一不可的。

課外閱讀介於學習與生活之間,在學習上,課外閱讀是學好國文的助跑器,因為我之前說過,國文是一門需要累積的學科,而累積知識的最佳途徑就是課外閱讀。閱讀能擴大孩子的眼界,豐富他們的知識儲備,而這些知識的最佳用武之地就是寫作。「讀書破萬卷,下筆如有神」,孩子們腦子裡的知識多了,寫作才順暢。在生活上,閱讀是豐富多彩的顏料,能給孩子枯燥的學習生涯增添許多色彩。俗話說:「一本書,一方世界」。這說的是,每一本書都是一個空間,孩子可以在不同的書籍中體驗不同的樂趣。

如果把知識比喻成一片汪洋的話,課本上的知識是有限的,而課外閱讀中的知識是無限的。孩子們在課堂上學到的,僅僅是知識海洋中的一瓢水。如果不及時吸取更多的知識,那麼這瓢水很快就會蒸發,留下的只是幾粒又鹹又澀的晶粒。那些除了教科書什麼也不閱讀的孩子,他們在課堂上掌握的知識非常膚淺,只有多多地進行課外閱讀,才能彌補課堂上的不足,同時開拓他們的視野和思維。

孩子在小學,甚至國中低年級時,僅僅依靠聰明是可以取得好成績的,但如果沒有閱讀墊底,年級越高越會顯得力不從心。隨著遭遇越來越多的學習挫折,孩子便會漸漸對學習失去興趣。

所以，我認為作為一名學生，除了學習課本上的知識外，課外閱讀絕不能少。在召開家長會的時候，我也會及時向家長講明課外閱讀的好處，使家長明白課外閱讀能讓學生受益無窮，動員家長為自己的孩子購書，選擇內容健康的書，並力所能及地引導孩子去讀書。當然，絕不能讓孩子隨意地去讀書，一定要有選擇性。

在這裡，我給各位家長三點建議：

一、要結合孩子的興趣

興趣是最好的老師，興趣可以誘發一個人的閱讀細胞，能發揮事半功倍的效果。如果沒有興趣或者是興趣減退，勢必對課外閱讀造成「三天打魚，兩天晒網」或是「半途而廢」，不能很好地堅持的惡果。因此，在選書閱讀時，要結合孩子的興趣，這樣才能使孩子真正從書中學到知識。

二、選擇經典名著去閱讀

經典名著是人類知識的精華，透過閱讀，可以吸收其中的經典知識和思想，在短時間內獲得收益。另外，家長要根據孩子的年齡、自我知識儲備等條件去選擇適合他們的書籍，要以能看懂、可讀性強為前提；如果挑選一本文言文的書籍，一來書中有許多孩子不認得的字，二來孩子們知識尚少，理解不了古文的意思，不僅浪費買書的錢，還浪費了孩子的時間。

第七章　博聞廣記：做全才，才有更好的未來

三、家長要適當陪讀

由於小學生的自制力較差、主動性不強，因此很少有孩子會自發地去閱讀。這時候，家長要經常帶著孩子去圖書館或書局逛逛，讓孩子置身於氣氛濃厚的閱讀氛圍中。同時，不要將書本「丟」給孩子，而要拿出時間陪孩子一起讀。家長與孩子一起讀書不僅可以活躍閱讀氣氛，而且會使孩子受到鼓舞，主動地投入到閱讀中去。

書籍就是一根魔杖，會給孩子帶來學習上的一種魔力，能讓他的智慧晉級。愛讀書的孩子，就是被魔杖點中的孩子，他是多麼的幸運呀！

別獨自學習，要善於集思廣益

我所帶的班級轉來了一名女生，她的性格內向，上課從不主動發言，下課後，常常一個人獨自坐在座位上，不愛和同學們說話，也很少和同學們一起玩。班裡舉辦活動或者一起討論問題時，她總顯得漠不關心。起初，我覺得這個孩子初來乍到，她需要一段時間去適應。可是過了一個學期後，她依舊與班級其他同學格格不入。至於成績，也一直在走下坡路，這也導致她的性格變得更內向，更不願意與同學和老師交流了。

我曾多次提醒這個孩子要融入集體,但她依然「我行我素」。後來,我找來了孩子的家長,詢問後才知道,原來這個孩子從小就不願意與人交流,只要放假,就待在家中不出去。

針對這個學生,我分析了一番,導致她性格內向的主要原因是不合群,性格孤僻,不敢與老師和同學交流。解決這個難題的最佳方法就是讓她多參與活動。所以,此後凡是班級有活動,我都點名讓她參加,並且鼓勵她和別的同學合作。只用一個學期,她就變得願意與同學們交流了,學習成績也慢慢提升了。

在學校中,我發現不少性格孤僻的孩子,他們不願和同學一起學習,不願參加集體活動,有的孩子還伴有小心眼、愛鑽牛角尖等心理問題,這其實都是不合群的表現。不合群雖然說不上是什麼大問題,但不主動地和同學們交流,不能愉快地融入班級團體,必然會妨礙新知識的學習和適應學習環境。

在課堂上,我有時會透過講故事引導學生明白一些做人、做事的道理。比如,三個臭皮匠合力打敗諸葛亮的故事,就是希望學生們理解到,學習中如果遇到了難題,在不請教老師的情況下,不妨與同學相互合作,透過共同地學習和交流,相信也能成功地將難題解決掉,並從中獲得成長和進步。

合作學習能提高學習效率,這是一個不爭的事實。一個人思考一道難題時,先不說是否能解決,單是解決時間就很漫長,但是多人一起思考時,不僅能節省時間,而且也能克服難題,學習效率自然就提高了。在合作學習中,每個學生的積極

第七章 博聞廣記：做全才，才有更好的未來

性都會提高，學習任務由大家共同分擔，大家各抒己見，各盡其職，集思廣益。

那麼如何增強孩子的合作意識呢？我認為可以從以下三點著手：

一、關心孩子在學校的情緒

無論是老師，還是家長，我們要善於觀察，關心孩子在學校的情緒變化，用心理解孩子的心聲，透過傾聽來全面了解孩子在校的學習情況，把握孩子的情緒。如果發現孩子出現不合群的現象，首先要跟孩子談談心，傾聽孩子內心最真實的想法，問問孩子為什麼不願意與其他小朋友玩，在與人交往中有哪些苦惱和困難，進而有的放矢地對孩子進行及時的幫助和指導。

二、幫孩子與他人建立友誼

在日常生活中，我們應該協助為孩子創造與朋友合作、分享的機會，引導孩子與他人建立友誼。當孩子體驗到對別人友好尊重，能使自己感到快樂時，他就會主動積極地注意與人交往。比如，鼓勵孩子和別人一起玩一些需要多人才能完成的跳繩、拔河等遊戲，或者特別提醒他們邀請一些同學組成學習小組等。

三、幫助孩子樹立集體觀念

現階段的小學生大都是獨生子女，在家中備受寵愛，但我們有必要讓孩子懂得，個人的行為應該符合社會的規範準則，讓孩子知道社會是個大課堂，幫助孩子在群體中樹立集體觀念。比如，鼓勵孩子與同學一起討論課堂問題、積極地參加各種班級活動，讓他競爭比賽名額等。這樣可以豐富孩子的生活閱歷，對改變孩子的孤僻、不合群是非常有利的。

在教育實踐中，我經常以分組學習來培養學生的合作意識。當然，如果分組學習組織不好，不僅發揮不了作用，反而會影響學生的學習效果。在教學實踐中，我發現分組學習一般存在這樣幾個問題。

1. 目標不明，任務不清

顧名思義，沒有明確要解決的問題，任務也分得不清不楚。這就導致多數人茫然無措，少數人在學習。時間浪費了，知識卻沒學到。

2. 無人監管，沒有規則

沒規矩就成不了方圓，如果多人在一起學習而不遵守紀律，很有可能會把學習當成了閒聊。或是各吹各的號，各幹各的事。

3. 好生包攬，差生旁聽

一個學習小組裡，如果成員之間學習成績相差太大，就會

第七章　博聞廣記：做全才，才有更好的未來

出現成績好的學生是主角，占據了所有的發言機會，而成績差的學生沒有發言權，成為一個可有可無的旁聽者。這樣的話，差生不僅提高不了成績，也不會思考，逃避學習的責任。

4. 協調不力，討論無序

有討論就會有分歧，有分歧就可能演變成爭辯。這時候，如果沒人去協調的話，大家可能會爭論不休，也可能會發生爭吵。以至於問題沒有解決，學習氛圍倒先被破壞了。

不管是學生自己組織學習小組，還是老師幫助學生建立學習小組，一定要注意我點出的幾個問題。我為班級的學習小組搭配成員時，會從學生的性格、成績、性別、人數等方面來搭配，以便每一個學生在小組內能發揮各自的特長和優勢。此外，我還會要求每個小組中的成員團結友愛，民主平等，便於學生合作學習的充分開展。

請不要排斥老師，我們可以做朋友

當我還是一名小學生時，我覺得我的老師既嚴肅，又親切。而我對他卻是敬愛有餘，親近不足。直到我成為一名老師後，我才知道每一位老師的內心都是溫柔的，他們也渴望與學生親近，只是他們不善於用言辭表達，因為他們對學生的關愛都寄予在行動中。他們在教學上也許很嚴肅，但從不怠慢我們的學習。

關於這一點，我希望所有的學生都能懂，越早越好。

因為，學生與老師的關係是否和諧，是能否樂於學習的一個重要條件。大量事實調查證明：良好的師生關係不僅有利於學生對所學課程感興趣，而且還有利於促進學生優良品德的形成；惡劣的師生關係往往會導致學生孤僻、不合群等心理問題的產生，甚至造成他們不愛學習的後果。

我很喜歡學生，在深入了解他們時，我發現孩子們喜歡和藹可親的老師，愛看老師微笑的面容，希望得到老師的讚賞與鼓勵。所以面對學生，我不會擺出厭惡的神情，不會用命令的語氣，而是在嚴格要求的基礎上多給予肯定，多表揚，例如學生回答問題出了錯，我會親切地說：「沒關係，再想想」！對於學習基礎較差的學生，我不會隨便指責，或是冷淡對待，而是會真誠地幫助他們分析原因，然後對症下藥。就這樣，我漸漸與學生們建立了和諧平等的關係和濃厚的感情，學生們也充滿自信，熱愛學習。

不過，小學生由於心理發育還不成熟，他們往往只看表面，這樣就容易把事實和想像混淆。加上他們對於老師對待自己的態度特別敏感，有時會主觀認為老師偏心，或是不喜歡自己。因此，除了我們教師要主動關心每一位學生，及時給予他們幫助和指導外，我也希望學生和家長能積極地配合，共同建立起良好的師生關係。

對於這個問題，我有幾點建議：

第七章　博聞廣記：做全才，才有更好的未來

一、尊敬老師，主動向老師表達自己的心意

　　作為一名學生，首先必須尊敬老師。有了基本的尊敬，才能建立良好的師生關係。老師上課時，作為學生，應該要專心致志地聽課，積極提問，勇於回答，這樣的聽課態度是對老師最好的報答；老師安排的作業和任務，學生都要認認真真地完成，這是對老師最基本的尊重；老師對學生講道理時，學生要認真聆聽等。從這些小細節出發，讓老師明白學生的心意，如此才能與老師相處融洽。

　　同時，家長也要對孩子進行尊師的教育。例如，在孩子面前不能隨意地對老師說三道四，議論老師的各種短處，發洩對老師的不滿情緒，要以適當的方式充分維護老師的威信；在某一個問題或某一件事上，家長與老師可能有不同的看法和意見，這時候，家長要避開孩子，私下與老師交換意見，不可以當著孩子的面與老師爭辯，否則會造成孩子思想上的混亂或無所適從，造成師生關係不和諧的不良結果。

二、主動與老師交流溝通

　　老師扮演著為學生指點迷津的角色。在學習中，如果學生不主動與老師交流和溝通，那麼將會被許多問題困擾。相反，如果學生主動找老師交談、請教問題等，那麼每一位老師都會毫不保留地盡自己所能給予他們幫助。當然，老師不是神仙，

他也有缺點，也有犯錯的時候，所說的不一定全都對，如果學生有自己的觀點與見解，不妨勇敢說出來，透過溝通，既能讓老師了解自己，又能獲得一個與老師促進師生關係的機會。

三、有技巧地與老師交流

當學生被老師誤解時，不要不顧場合地去反駁，應該找一個單獨與老師相處的機會，透過交流，解釋清楚事情的來龍去脈；當學生給老師提建議時，要先理清楚自己的思緒，把建議表達清晰。有的學生性格內向，容易害羞，不敢當面與老師交流，這種情況下，不妨使用書面的形式與老師交流。

王昊（化名）是我的一名學生，他的父母離婚了，所以心情一直很低落，而且很自卑，總感覺在同學面前低人一等，課堂上表現得也不積極，學習成績一直平平。見此情景，我多次和他私下談心，幫他找出自己的優點，告訴他成人都有成人的煩惱，父母感情不好並不代表不愛他，而且我還肯定他具有傑出的潛質。漸漸地，王昊對學習變得積極起來，不管是基礎知識的掌握還是課上思維都跟得緊緊的，後來每次都能取得優秀成績。

做學生的良師益友是我教學中努力的方向。所謂良師是有高尚的人品，有深厚的專業功底，懂得教學方法的老師，是在課堂上與學生正式交往的角色。而益友是在學生眼中能進行交心，能傾聽心聲的朋友，是課堂下與學生非正式交往的角色。

第七章　博聞廣記：做全才，才有更好的未來

良師與益友兩者相互區別，又相互依存、相互促進。

師徒結對同進步，亦師亦友共成長。共勉！

跟隨音樂節奏，美化精神世界

活潑朝氣，單純可愛，這就是我兒子給大家留下的最深印象。如果有人讓他唱歌，他一定說唱就唱，旁若無人，更不要說還能彈得一手好鋼琴了。

這一切都源自我對音樂的重視，在兒子很小的時候我就開始用音樂來貫穿他的一日生活，比如午餐時，我會放一段舒展、輕鬆、優美的音樂，我發現這能使兒子的身心放鬆下來，在音樂聲中安靜用餐；當兒子午睡起床後，我又放一段節奏歡快、活潑的音樂，這使兒子異常興奮，精力充沛地迎接下午的活動……

我希望兒子能夠一直保持這樣陽光的狀態。幸福的孩子愛唱歌，如果他喜歡音樂，這就證明孩子覺得自己很幸福。

有一位作家曾經說過：「如果要感謝什麼人，而且只能感謝一次，那麼我想把這一次感謝奉獻給那些為人類創造出美妙音樂的人。倘若沒有音樂，我們的生活將會變得多麼沉悶可怕。」音樂，它是歷史長河中一顆璀璨的明珠；音樂，它是慢慢長夜裡一個歌唱的精靈。它能帶走我們的煩惱，帶給我們歡樂。

對小學生而言,音樂雖然不是主課,可是在學習中也是個重要的部分,我建議學生平時可以多聽聽音樂、唱唱歌、學學樂器等,因為學習音樂對學生有許多益處,我簡單列舉如下:

音樂是表現聲音的藝術,音樂中每一個音符的背後都蘊藏著無限的意義,這給予了學生無限的想像空間。學生不僅能詮釋出自己心中的音樂,而且還能鍛鍊他們的邏輯思維能力。此外,學習音樂能培養學生的注意力、毅力,鍥而不捨地學習音樂更能培養學生堅忍不拔的毅力。

小學生年紀尚小,情緒容易受到外界因素的影響,而聽一聽旋律舒緩的音樂能夠穩定情緒,平和心情。在學習音樂的過程中,學生能真切感受到音樂有增強記憶力的功效,比如學習一首歌的歌詞時,使用的時間往往比記憶課文短許多。音樂能夠刺激大腦,進而提高學生的智力,使學生能快速地接受知識。

音樂可以完善性格,促進人際交往。我身邊有許多性格內向的學生透過學習音樂,性格都有所改變,他們不再封閉自我,變得熱情大方,善於與人交往。大家不要覺得吃驚,這就是音樂的魅力。另外,在學習音樂的過程中,與同學、老師之間的交流會比較多,這也在無形中增進與同學、老師的關係。

如果注意觀察,還會發現,學習音樂、舞蹈的孩子都特別有氣質,有品味,這是因為學習音樂能提升自我品味,時刻謹記規範自己的行為,簡單說,這就是藝術薰陶的成果。音樂源於生活,音樂中的品味也會延伸到生活當中。毫無例外,能堅

第七章　博聞廣記：做全才，才有更好的未來

持學習音樂的孩子都有很好的審美能力、感受能力等。

如今在升學考試中，音樂作為一門技能，也被納入了考試範圍。為此，無數父母希望挖掘孩子的藝術天賦，讓孩子成為下一個郎朗、下一個馬友友。但無論學習什麼，興趣是最好的老師。在讓孩子愛上音樂，甚至成為音樂神童之前，第一步是培養他對音樂的興趣，以下三個簡單的方法，我們不妨一試。

方法一：創造一個「欣賞天地」

小學生雖然年齡小，接受能力卻很強，可以說，每個孩子都有一雙音樂的耳朵。因此，家長不妨為孩子創造一個「欣賞天地」，平時盡量讓他們多接觸音樂。透過多種管道，如音樂老師的演奏和演唱、錄音機、VCD、DVD、網路、演奏會、演唱會等讓孩子欣賞，悠揚的歌曲和優美的旋律在每個孩子的腦海中結合成一幅幅動人的畫面，把他們帶入詩一般的意境中，使他們情不自禁地跟著哼唱起來。

方法二：多鼓勵，多肯定，多陪伴

「孩子唱歌走調」、「孩子五音不全」都不應該成為拒絕孩子與音樂接觸的理由，流行、搖滾、鄉村、雷鬼、嘻哈等，平時孩子會唱什麼唱什麼，愛唱什麼唱什麼，反正他們也聽不太懂歌詞。我們老師和家長需要做的就是多鼓勵，多肯定，多陪著孩子一起哼唱和舞動，最起碼這都是一段美好的親子時光。

方法三：讓孩子學習一、兩門樂器

讓孩子學習一、兩門樂器，二胡、鋼琴、古箏、電子琴等⋯⋯都可以。一定要選孩子自己有興趣的，最好帶孩子提前去了解一下，聽聽各種樂器的樂曲，要知道這一學那可就是好幾年了，興趣是最重要的，喜歡的才是最適合的。也要讓孩子知道，讓你學音樂並非想讓你成為音樂家，而是讓你懂得用音樂的眼睛來看世界。最後，我提醒各位家長，一定要保證孩子在輕鬆的條件下愉快地進行學習，否則不僅不利於他們學習，甚至還讓他們產生厭倦。

感知美術魅力，培養高雅審美觀

我曾在「知乎」上見過一則問題，有位母親有一個患自閉症的孩子，不愛與人交流，不愛學習，她為此憂心不已，問網友自己該怎麼辦。之後，一位父親回答——讓孩子學美術，之後他分享了自己的育子經歷，讓許多人受到了觸動。

這位父親的兒子叫小昌，3歲時被診斷出患有自閉症，說話動作都遲緩於同齡人。當知道孩子得了自閉症之後，這位父親時常會偷偷地哭泣，感覺天塌了一樣，因為自閉症無法治癒，也就意味著多動、煩躁、不安等不良習慣和不良情緒將陪伴孩

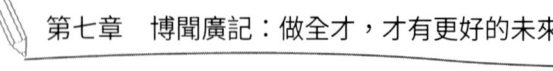

第七章　博聞廣記：做全才，才有更好的未來

子的一生。這位父親內心雖然不願意接受孩子有自閉症的事實，但他卻從來沒有輕言放棄，不但給孩子請了專業的陪護老師，只要有空，他和妻子就帶著兒子去專業機構進行康復訓練。

經過幾年康復訓練，小昌不但能開口說話，還能用語言表達自己的思想和需求，但是自閉症的多動、煩躁、不安的現象還是在他身上體現著，這嚴重影響著他的學習，甚至有個別家長向學校投訴，認為小昌是個情緒不穩定的病患，這樣危險的孩子不應該在學校上課。每當此時，小昌的父母都會十分心疼：自閉症的患者並沒有主動攻擊性，要是這個社會能多些理解和寬容該多好！

後來一位老師建議，自閉症孩子愛動，那就嘗試讓他畫畫，安靜下來。一開始，大家讓小昌畫畫只是想讓他安靜下來，但畫畫改變了孩子，一旦拿起畫筆，平常坐不住的小昌就像變了一個人，經常一坐就是四、五個小時。而且畫畫時，他的臉上總是樂呵呵的，後來大家發現他的畫當中有很多自己理解的想法。有時，拿一張風景照讓他臨摹，他只要五、六分鐘，便能把整幅畫面的輪廓勾勒出來，再加上自由發揮的填色技巧，每幅畫都不僅有別於原照，更成了一幅靈動而有意境的畫作。之後，小昌的畫作在國內多個畫展上獲獎。

在這裡，我之所以講這個故事並不是想告訴大家畫畫是治療自閉症的一種方法，而是想指出畫畫也是一種高階的藝術，它能提高人的修養，陶冶人的情操，也能開啟人的視野，讓人

們看到各式各樣的美。用顏料繪出自己的內心世界,這個過程會讓人進入畫的世界,去體驗畫裡的人生觀、價值觀和世界觀。

在小學階段,美術是一門必不可少的課程。遺憾的是,我發現許多父母並不情願讓孩子去接觸美術,他們認為畫畫是件沒有意義的事,而且畫一幅畫往往需要好幾個小時,一來會占用學習「正課」的時間,二來會減少孩子們休息的時間,無形中加重了孩子們的負擔。其實,這種想法是片面的,因為美術與學習相輔相成。那麼,學習美術對孩子有什麼益處呢?

一、學習美術能鍛鍊孩子的感知能力

每一節美術課都會學習不一樣的內容,這些內容五彩繽紛,能夠拉近孩子與世界的距離。美術是一門對觀察力要求極為嚴格的學科,每一次繪畫時,孩子們都會從不同的角度觀察和研究繪畫對象,需要觀察顏色與形狀,掌握內在的構造和特徵。所以,堅持繪畫能培養孩子們的觀察力,讓他們不自覺地觀察身邊的事物,使感官越來越敏銳。換句話說,就是能使孩子的感知能力越來越強,思維越來越活躍。

二、美術能開拓孩子們的視野

據我了解,每一位美術老師在講解每個繪畫主題時,都會說明繪畫的歷史及相關知識,這些知識範圍很廣,涉及藝術、文學、自然科學、哲學、人文歷史以及生活中的各種常識等,

第七章 博聞廣記：做全才，才有更好的未來

所以美術是一門趣味性極強的百科全書，可以大大地開拓孩子們的視野。

因為工作關係，節假日我有很多時間帶兒子去美術館、博物館看畫展。我帶兒子看畫展，不只是為了視覺上的享受，我更貪心的一點是，希望他能夠了解更多的知識，在他將來的生命裡，開啟一扇通往另一個世界的大門。所以，我會提前做好功課，一邊看畫展，一邊給孩子介紹更多相關的文史知識。

三、鍛鍊孩子的動手能力和手腦協調能力

實踐證明，用雙手製作一點東西對發掘孩子的潛能與智慧有重要的作用。在繪畫時，孩子們的雙手會接觸到不同顏色的筆、顏料、畫紙等各式各樣的繪畫工具，腦袋會控制手不時地更換繪畫工具。可見，繪畫既能鍛鍊孩子們的動手能力，又能提高手腦協調能力，這兩項能力提高了，學習成績自然也會提高的。

四、培養孩子的想像力和創造力

美術是一門趣味十足的課程，它沒有枯燥的重複，沒有一成不變的法則。即便是畫同一個主題，在繪畫的過程中也會發現新的內容、新的方法。當然，前提是用想像力和創造力不停地去嘗試、去感受、去突破。所以每一次的繪畫都是對想像力和創造力的磨練。

五、培養孩子獨立思考與獨立工作的能力

當孩子繪畫時,他需要自己準備繪畫的工具,尋找繪畫的主題。在繪畫過程中,需要不斷地構思、塗色和修改等,這個過程完完全全由孩子們獨立做主,這就培養了孩子獨立思考和獨立工作的能力。如果孩子在孩童時期就能養成這種能力,那麼這種能力會延伸到以後的工作中,給將來的自己帶來一番作為。

成績固然重要,品德培養更必要

林果(化名)是我班上的一個學生,課堂表現還不錯,遵守紀律,很活躍,成績中上,但就是學習態度懶散,尤其不愛寫作業。他害怕老師責罵,於是就編出各種理由欺騙老師,什麼作業忘在家了,被小妹妹撕著玩了等等。對此,我很是惱火,終於在他連續三次沒交作業時,我狠狠責罵了他一頓,並警告他如果再犯就通知家長。

這一招還真管用,此後一個月,林果不敢不交作業。在我為自己的嚴厲要求獲得如此出色的效果而沾沾自喜時,林果又一次沒交作業,理由是忘在家了。我心裡很生氣,但也開始思考:看來嚴厲的要求不是治療說謊的最佳解方,即使暫時見效了,也是治標不治本,只有改變教育方法才能改變林果這個孩子。

第七章　博聞廣記：做全才，才有更好的未來

這天下午批改作業，我沒有找到林果的作業。我剛開始有些生氣，但低頭發現書桌下還有一本作業本。原來，林果的作業被風吹到了地上。我鬆了一口氣，同時決定將計就計，把林果叫到了辦公室，問他為什麼不交作業。林果瞪大了眼睛，辯解說自己交作業了。我表示不相信，後來林果都要哭了，我才讓他回去。

放學後，我又一次把林果叫到了辦公室，舉著那本作業說：「你的作業找到了」。

林果如釋重負地笑了，我問他：「當老師說你沒交作業時，你心裡是什麼滋味」？

「老師，我又急又氣，覺得很委屈，只想哭」。

「是啊，老師故意騙你呢，被騙的感覺不好，對吧」？

林果若有所思地點了點頭。

我輕輕拍了拍林果的肩膀說：「林果，染上一個壞毛病很容易，改掉一個壞毛病卻很慢、很艱難，你既然已經改掉了不寫作業的壞毛病，老師希望你能一直堅持下去，不要讓壞毛病再出現，好嗎」？

林果抬起頭，目光堅定地說：「老師，您放心吧！我不會再犯這樣的錯誤了」。

聽了這句話，我欣慰地笑了。

如果有一種方法可以使學生永遠不再撒謊，我一定會去用。

成績固然重要，品德培養更必要

如果有一節課可以讓學生刻骨銘心，一輩子難忘，我一定要上這節課。

我常說教育是一項偉大的工程，為什麼偉大？因為教育的根本不是成績，人格培養才是最重要的，要教好書首先要育好人。作為教育事業工作者，我深感榮幸之餘，也一直將做好德育工作當作首要任務，我希望每一個孩子都知道應該做什麼，不應該做什麼，什麼是對，什麼是錯，越早越好。

所謂「少年若天成，習慣成自然」，「德」的培養應該從小抓起。小學生正處於長身體、長知識和思想品德逐步形成的時期，由於年齡小、知識少、閱歷淺和缺乏社會經驗，是非觀念模糊，對人對事缺乏明辨能力，具有很強的模仿力，容易接受外界的各種影響，同時他們也具有極大的可塑性。

學習好，也要品德好，品學兼優的學生才是最好的學生。教育無小事，事事有教育。良好的品行修養並不是一朝一夕就能達到的，它需要從小抓起，從身邊的小事做起。

俗話說「十年樹木，百年樹人」，良好的道德品格對於人的一生的影響都是至關重要的，這期間需要每一位老師和家長的共同努力，平時做到以身作則，持久地、潛移默化地為孩子樹立好的學習榜樣。

第七章 博聞廣記：做全才，才有更好的未來

當勞動是種快樂時，生活是美的

對於小學生的教育，我們提倡從德、智、體、群、美五個方面全面發展。其中的「群」，就是指群體勞動。群體勞動是素養教育中重要的一環，它是學生了解和理解社會的視窗，是學生智力發展的催化劑，是學生健康人格形成的沃土。可是，在做教育的這些年裡，我發現孩子們普遍缺乏主動去勞動的積極性。

一次學校安排學生和教師到操場上清理雜草，我班裡有幾個學生居然只站著聊天，還有一個藉口身體不舒服躲回了教室。當我嚴肅地詢問他們為什麼不參加勞動時，他們的理由是班裡有那麼多同學在大掃除，缺少幾個沒有關係，而且勞動很髒，又晒，而個別家長居然也贊同這種逃避勞動的行為。

從很多小事中，我發現現在的孩子對勞動的態度很淡漠，他們並沒有勞動的習慣。我分析了一下學生們不愛勞動的原因，主要有三個方面：

一是父母的嬌慣。現在每個家庭的經濟條件都很不錯，且絕大多數家庭都是小家庭，這就導致從孩子一出生就沒有吃過苦，而「窮人家的孩子早當家」這個觀念早就被拋到十萬八千里之外了。正是長輩們的「保駕護航」，孩子們才養成了懶惰推諉的性格，做一點小事就會喊苦喊累。久而久之，當長輩要求孩

子做一些小事時，孩子們就會條件反射式的拒絕。

二是教育上重智輕勞的惡劣影響。對絕大多數父母來說，孩子們的學習成績才是最重要的，與其將時間花在勞動上，還不如花在學習上。正是這種觀點的誤導，才讓孩子們缺乏勞動的機會，漸漸變得不愛勞動。另外，許多學校只重視分數，即使班級開設了勞動課，但卻沒法實行，因為都被主課老師占據了。在課後，為了學生們的成績，老師安排的作業也較多，即使孩子們想幫父母做點家務，也沒有時間去執行。

三是認知上的失誤，導致勞動成為懲罰的手段。有這樣一些老師與父母，當孩子們犯了錯誤時，他們喜歡用勞動來懲罰孩子。這種懲罰不僅不會讓孩子體會到錯誤，而且還會給孩子帶來「勞動可恥」的觀念。於是，孩子們會牴觸勞動、厭惡勞動。再來，社會不良風氣也導致產生這種失誤，比如很多人認為從事體力勞動的人都是沒有本事的人。

正是這些原因，才讓學生們缺乏參與勞動的意識。我經常和學生及家長強調「勞動是光榮的，勞動是讓人引以為傲的」，因為小學生的勞動是培養學生良好勞動習慣的基礎，從小使孩子做一些掃掃地、擦桌椅的勞動，有助於孩子從小養成良好的勞動習慣，懂得責任感、義務感、獨立性，是會受益終身的。

幸好，現在培養小學生熱愛勞動的習慣還不晚，父母們需要注意兩點：

第七章　博聞廣記：做全才，才有更好的未來

一、讓孩子正確對待勞動

在家中，父母要支持並鼓勵孩子參加家務勞動，每天固定安排一些家務讓孩子做，不能養成他們「家務是爸爸媽媽做的」這種錯誤觀念。任何人都要明白，孩子現在不勞動，有父母與長輩的照顧，可是長大後，又有誰會照顧呢？愛之深必為其謀之遠，從小培養孩子的勞動習慣，其實就是為他的未來負責。

我兒子有段時間換衣服特別勤快，有時一身衣服穿半天，他就會脫下來讓我洗。夏天還好，衣服單薄好洗，可是冬天的衣服厚重，吸水之後就別提有多難洗了。無疑的，這加重了我的負擔。我覺得這樣下去不是辦法，於是每次洗完衣服後都會表現出一副筋疲力盡的模樣，並且認真地對兒子說：「媽媽每天的工作特別忙，你應該可以幫媽媽負擔些力所能及的家務。以後，你的衣服要自己洗。如果你忘記洗的話，那就只好穿髒衣服了」。

兒子痛快地答應了，但一個星期後，我發現他的衣櫃裡亂七八糟的，每一件都是穿過卻還沒洗的髒衣服。我非常生氣，並嚴厲地責罵了他。兒子再次保證，下次一定會洗。又過了四、五天，兒子的髒衣服依舊沒洗，而且越來越多，他的衣櫃堆不下之後，還塞進了書桌的櫃子裡，而可以換洗的衣服已經沒有幾件了。這一次，我沒有責罵他，而是用置之不理的方式教育他。後來，兒子把乾淨的衣服全都穿完了，他再也沒有乾淨的衣服

穿了,我依舊沒有幫他洗衣服的打算。

最後,無可奈何的兒子只好把髒衣服一件件洗乾淨。這時候,他才發現洗衣服並不是一件簡單的事,他體驗到了我的辛苦。之後,他不僅改變了愛換衣服的壞習慣,而且還主動幫我做其他力所能及的家務。

二、提高孩子參加勞動的興趣

因為小學生年紀小,他們並不能意識到勞動的目的性,往往會把勞動與遊戲弄混淆。所以,家長可以透過遊戲來提高孩子對勞動的積極性。比如擦桌子,父母與孩子一人擦一半,比賽看誰先擦完;又比如早晨起來疊被子,看誰疊得整齊等等。當孩子做得好的時候,我們可以適當表揚或獎勵一下,比如獎勵一個好吃的蘋果。久而久之,孩子們就會喜歡上勞動。當前,勞動遊戲的前提是需要有獎勵機制的。

上帝為我們創造大腦,是要我們靠自己的本事生存;上帝賦予我們雙手,是要我們靠自己的雙手勞動。勞動是快樂的,勞動是光榮的。如果孩子從內心將勞動當作自己生活中必須要做的一件事情來看待,一定能從中獲得許多快樂,同時也可以了解許多做人的道理。

第七章　博聞廣記：做全才，才有更好的未來

與大自然多一些親密接觸

假如世界上有這樣一位老師：他的課堂無處不在，可以在白天或者黑夜中，也可以在陽光下或者雨中；他既有培養一個孩子感受的能力，又能把孩子的悟性釋放出來；他既會將世界上最偉大的事物展示給孩子們，又能讓每個孩子的心靈得到昇華；他從不會因為傳授知識給他人而感到厭煩，他有足夠的能力讓每一個孩子成為特質和性格方面的典範。如果存在這樣一位老師，家長們願意將孩子交付給他嗎？

我想，幾乎所有人都會願意吧。然而，世界上有很多孩子卻沒有機會與這個教師親近，實在是遺憾。這樣偉大的老師是誰？他叫什麼名字？他是大自然，我們天天朝夕相處的對象。現在，不少家長認為要想讓孩子學習好，就應該讓孩子盡量坐到書桌前學習。可是，結果卻常常不能如願。

大自然是一個豐富多彩的世界，色彩鮮豔、姿態萬千，孕育了無窮無盡的奧祕，它的形、聲、色都會引起孩子的好奇。多讓孩子接觸大自然，可以愉悅孩子的身心，開闊孩子的視野，啟迪孩子的智慧，激發孩子強烈的學習興趣，有助於開發大腦細胞的潛力，對培養孩子的智力產生積極作用。

同時，大自然與生物課、天文學、化學、歷史、地理、文學等學科領域都有直接的關聯，可以幫助孩子驗證自己所學過的知識，並建立各學科之間的連繫。

在我的兒子三、四歲時,差不多每個休息日我都會安排時間帶孩子外出,不是去自然博物館,就是去公園,甚至去建築工地或農產市場。春天,我們一起去踏青;夏天,我們一起去玩水;秋天,我們一起收集樹葉做書籤;冬天,我們一起打雪仗、堆雪人⋯⋯我們經常在大自然中觀察各種事物。大自然激發了孩子對各種事物的極大興趣,充分滿足了孩子的好奇心。孩子像一塊乾燥的海綿,拚命地吸吮著自然界的各種資訊,他所知道的自然知識比其他小朋友要多,這使他在和其他小朋友的接觸中充滿了自信,學習積極性也更高。

其實,剛學習自然課時,兒子總是抱怨自然課很枯燥。我有些擔心,這樣下去可是會影響學習成績的。為了讓兒子快點喜歡上自然課,我決定週末帶兒子去植物園。植物園有幾百種植物,在我和孩子爸爸的指導下,兒子認識了許多以前不知道的植物,如油麻藤、吉祥草、千金藤、八角金盤等,他玩得特別開心。

回家路上,兒子意猶未盡地說:「媽媽,植物園裡的好多植物都是自然老師以前講過的,可惜我覺得沒有意思就沒有好好聽,現在看來這些知識真是有趣呢」。

「是啊,自然課是一門介紹植物、動物、自然界的學科,有好多有趣的知識。比如,學好了自然課,你就會知道什麼是昆蟲,什麼動物屬於鳥類,什麼是化石等。」我說道。

兒子瞪大了眼睛,興奮地說:「媽媽,我好想知道這些啊,

第七章　博聞廣記：做全才，才有更好的未來

那樣我就可以講給表弟聽了」。

「那你以後上自然課時可要認真聽講了。」我笑著拍了拍兒子。

從那以後，兒子對自然課產生了極大的學習興趣。

走進大自然比整天關在房間裡面死讀書無疑要強得多，我一直認為，一個熱愛大自然的孩子成績是不會差的。所以，也經常帶兒子到大自然中去，也鼓勵所有的家長多帶孩子到大自然中跟山山水水、花花草草親密接觸。當然，帶孩子到大自然中並非把孩子簡單地交給大自然就可以了，還需要我們特別引導。

一、用問題引導孩子的思維

在接觸大自然的過程中，我們要善於對孩子進行啟發式提問，以便引導孩子發現大自然的美麗以及自然界的變化。如面對生機勃勃的春色美景時，可以提出這樣一些問題：「春天到了，你猜猜春天在哪裡？」，「你旁邊的那棵樹有什麼變化？」，「迎春花有沒有香味？」，等等，這樣在尋找春季變化的過程中，孩子有了運用多種感官的機會，視野開闊了，思維也會活躍起來，盡而激發起孩子的好奇心和求知欲。

不要怕孩子說錯，我們提問孩子並不是單純地讓孩子回答問題，更多的是引導孩子主動地、積極地進行思考。而且當孩子不明白或回答錯誤時，他就會更加對知識充滿嚮往和期待。

二、多向孩子講述自然知識

置身於廣闊的大自然中,當孩子看到花草樹木、飛禽走獸、高山大河、風雨雷電、冰雹雪花這些平時在家裡和學校難得一見的自然景物和自然現象時,忍不住問這問那,如「為什麼螞蟻要搬家」,「為什麼向日葵朝著太陽」,「為什麼天空會閃電打雷」……此時,千萬不要以「你怎麼這麼多問題呀!」,「你以後就會明白了」,「沒有什麼原因,本來就是這樣的」之類的回答敷衍孩子,而是要注意抓住機會認真地、耐心地向孩子講述一些大自然的常識。要知道孩子對大自然的了解越深刻,知識面越廣,智力也就越發達。

三、讓孩子寫一寫大自然日記

美麗的花草蓬勃生長、可愛的動物健康成長……當孩子親身感受到自己在大自然之中時,你可以鼓勵孩子寫大自然日記,可以用簡單直白的語言敘述事情的經過,也可以用觀察潤色的方法,讓孩子編織出一個小故事或者一首詩詞來,更可以讓孩子試著去描繪天上的雲朵。雲是千變萬化的,孩子在書寫和描繪它們的時候,不知不覺間,語言表達能力和寫作能力就會得到很大的提升。在這樣的潛移默化中,不僅能讓孩子產生了解知識的渴望,而且還能提高孩子的形象表達和抽象思維能力。

每次去郊外進行一場大自然之旅後,我都會鼓勵兒子用幾

第七章　博聞廣記：做全才，才有更好的未來

句話記下來。比如，有一次我和兒子曾坐在一片草地上觀察了一個多小時的雲彩，在書寫和描繪千變萬化的雲朵時，兒子寫道：「那些雲朵變化真快真多，一會兒像一隻小狗，一會兒像一朵棉花，多好看……」這樣的表達是形象的，讓我驚喜不已。

對於小學生而言，寫多寫少都沒關係。只要把自己的所見到、所想到、所聽到的大自然事情真實地記錄下來、表達出來就可以了。當然，對於一、二年級的孩子而言，由於他們學會的字詞還少，父母可以鼓勵他們用口述的方式記錄大自然日記。即讓孩子把自己的所見所聞、所想所感，用自己的語言說出來。孩子口述時，父母可以一邊聽，一邊幫孩子記錄下來。

讓網路成為益友，而不是損友

這天，學生小軍被媽媽擰著耳朵送到了我的辦公室，小軍媽媽一見我就開始對小軍劈頭蓋臉地責罵。原來，小軍暑假跟著表哥一起玩耍時，見表哥上網聽歌、看文章、玩遊戲、聊天，玩得不亦樂乎，他便跟著表哥學會了上網。回家後，小軍央求媽媽想玩電腦，被媽媽拒絕後，他便開始偷偷玩起來，結果被發現了。

「這孩子變壞了，老師，我們怎麼辦？」小軍媽媽眼裡噙著一絲淚光問道。看著一旁縮成一團的小軍，我和氣地問道：「小

軍,你為什麼想玩電腦」?小軍本來耷拉著的腦袋,一下子抬得很高:「老師,我只是想玩五子棋遊戲,表哥說這是益智的,不會耽誤學習成績,而且還能讓我更聰明」。

「老師,您聽聽,這孩子還不知錯。」小軍媽媽氣得直跺腳。

在眾多的新聞報導中,我們了解到小學生陷入網路中不能自拔是件非常危險的事情。在這些孩子中,有的對學習失去了興趣,有的性格扭曲耽誤了學業,有的甚至走上了犯罪的道路。於是,很多家長形成一種恐懼感受:認為孩子一上網就會染上「網癮」,會產生「不好」的行為,所以嚴格禁止孩子碰電腦、碰手機。

真的是這樣嗎?我倒認為這有點以偏概全了!隨著科技的發展,人類已經步入了網路時代。網路不斷地影響著世界,改變我們的工作、生活與學習。作為一種科技產品代表,網路具備諸多有利條件,是不可小覷的教育力量。

比如,網路可以開闊視野。上網可以及時了解時事新聞,即使不出門,也能知道天下事。網路就像是一個龐大的知識庫,只要有心,就能學習到許多學校內學習不到的知識,擴大自己的知識面。可謂滑鼠一點,世界盡入眼簾。

又如,網路可以促進交流。如果一個學生缺乏自信,不敢與人面對面交流的話,那麼網路是最好的交友平臺。在網路中,孩子可以交到來自五湖四海,且與自己志同道合的朋友。除了亞洲朋友外,還能交到外國朋友。與外國朋友交流能促進

孩子的英文表達及聽說能力。而且，還可以利用網路與老師交流。如果孩子在課堂上遇到不懂的問題，回到家後可以利用網路向老師請教。

再如，網路可以促進孩子個性化發展。網路是一個傾訴心事、減少學習壓力的地方，任何負面的情緒都可以向網路訴說。如果孩子有自己的看法和見解，可以在網路中發表，一來可以鍛鍊文筆，二來也能獲得成就感。如果孩子有什麼特長，也可以放在網路中與別人共享，在他人的評論中找到不足。

最重要的是，網路能促進學習。對小學生而言，當前最重要的事就是學習。網路上有許多的學習影片和資訊，只要運用得當，學習成績一定會提升。再來，許多老師都會在網路上開課，這也是學生接收知識的另一種管道。

對小學生而言，網路就是一張無形的網，我們無法阻止學生與它們接觸，建議家長不要聞「網」色變，也不需要將網路當作洪水猛獸，一味地讓孩子遠離網路，而是應該引導孩子正確地使用，讓網路產生積極向上的作用，成為孩子學習上的「服務者」。

要了達到這個效果，我們老師和家長至少應該做到以下幾點：

一、了解網路，熟悉網路

　　無論是家長，還是老師，我們都應當及時學習、充電，了解電腦網路的一般常識，正確了解和使用網路，並和孩子一起感受網路帶來的便利和快捷，找到與孩子在網路方面的共同語言。家長如果對網路比較了解、熟悉，就可以帶著孩子上網，查閱資料，下載有關資料和圖片，製作 PowerPoint，製作網站等等。在孩子形成了良好的上網習慣後，我們就可以輕鬆地站在孩子背後了。

二、合理安排上網時間

　　小學生的自制力比較差，這裡少不了父母的引導。家長可以合理安排孩子的上網時間，比如，做完作業才可以玩遊戲機或上網，每天至多能玩一小時，而且條件是學習成績必須保持不退步。如果學習成績不達標，就限制他玩電腦的權利。若孩子上網的時間過長，家長應及時提醒，或者安排他外出幫自己辦些事情，引導孩子離開電腦去休息。

三、教會孩子自我保護

　　凡事有利就有弊，網路的弊端可不少。比如，網路上資訊量眾多又良莠不齊，網路具有互動性與平等性，孩子在難辨是非真偽或受不良資訊誘導的情況下，很容易受到身心侵害。所

以，我們要保護孩子並教會孩子學會自我保護。比如，透過設定 Web 限制級別、下載或購買「綠色上網」控制軟體等，來限制兒童可以訪問的網站，指定是否允許下載檔案，保證孩子接觸的資訊是健康有益的；告知孩子不要輕易與網路上認識的人見面，如果要與他人做離線的見面時要及時通知家長，並有大人的陪同。

四、及時和孩子進行心理溝通

對喜歡上網的孩子，家長千萬不要歧視、訓斥、貶低，不要讓孩子覺得自己是一個壞孩子，而是應該心平氣和地和他做貼心細緻的心理溝通，真正地走進孩子的內心世界，了解他遇到了什麼挫折和困難，幫他正確認知這些挫折和困難，並一步步地去解決問題。多鼓勵孩子，增強他們的自信心，幫助孩子形成一種積極向上的人生態度，這些都可以有效地將孩子的精力和求知欲引向正確的軌道上。

網路是一把「雙刃劍」，最後我祝願所有的孩子能正確利用網路，健康成長！

第八章　考場福利：
掌握考試祕笈，就是狀元擔當

　　考試技巧不能從根本上提高孩子的成績,但是能讓孩子的成績錦上添花。透過多年的教學工作,我把孩子們在考試時最容易出現的問題做了歸納和整理,只要孩子認真吸收、揣摩和消化,並在考試中加以應用,一定會有非常大的效果。

第八章　考場福利：掌握考試祕笈，就是狀元擔當

考前休息好，考試狀態才會好

洋洋是我朋友家的孩子，今年上小學五年級，他的成績一般都排在班級的中上等。朋友為了鼓勵孩子學習，就對洋洋說，只要期末考試能考入班級前 10 名，就送他一個變形金剛的玩具。洋洋是一個變形金剛迷，他暗暗記住爸爸的承諾，下定決心要考入前 10 名。那時，距離期末考試還有十多天，洋洋為了成績幾乎天天都學習到兩、三點，在考試前的那一晚還熬了夜。考試成績出來後，洋洋的成績不僅沒考入前十名，而且還往後退步了幾個名次。洋洋為此傷心不已，明明他很用功地複習，怎麼就沒有回報呢？

後來，朋友讓我來開導洋洋。我看過洋洋的試卷後，發現孩子錯的都是一些簡單的題目。讓他重新做一遍，幾乎全都做對了。如果這些題目不做錯的話，洋洋的分數絕對可以進入前十名。

我問洋洋：「這些題目你明明都會做，可是為什麼就做錯了呢？」

洋洋說：「我也不知道為什麼寫錯了，只知道考試的時候腦袋昏昏沉沉的，那些知道的知識點全都忘記了，而且考試考到一半就想睡覺。」事實上，他也斷斷續續地打起了瞌睡。

我心裡已經明白了，其實考前熬夜正是影響洋洋正常發揮

的罪魁禍首。之後，我開導洋洋，讓他每天作息規律地去學習，不要熬夜，保證充足睡眠，考試成績一定會上升。在下一次考試時，洋洋精神奕奕地進了考場，也考了一個好成績。每個人都有熬夜的經歷，熬夜的結果是隔天早晨起不來，腦袋混亂如糨糊，整天不在正常狀態上，做什麼事都魂不守舍似的。學生是熬夜一族中的常駐部隊，尤其是快要考試時，幾乎天天學習到很晚，恨不得一天有 48 個小時。然而考試前的熬夜學習，並不會給成績帶來多大的提升，帶來的害處倒是一大堆。

熬夜會不知不覺地損害人的身體，比較常見的有精神不振、身體疲倦、注意力不集中、抵抗力下降等等，相信熬過夜的人深有體會。對於小學生而言更是如此，小學生正處於身體發育期，越熬夜越疲勞，記憶力就越差，非常損害大腦的機能；熬夜會造成視力模糊，因為長時間地用眼，眼睛會出現乾澀、發脹、疼痛等症狀，甚至會患上一些眼部疾病；熬夜還會損害皮膚，或許小學階段看不出來，但等到發育後，皮膚就會變得暗沉無光澤，或是經常長痘痘，這些都會給學習造成不少困擾。

所以，我經常和學生們說，用睡眠的時間去抓緊學習，是一種得不償失的做法。在臨近大考前的一兩天，考生除了需要用功地複習功課之外，更應該做的反而是注意休息，每天保證 8 小時睡眠時間。充足的睡眠可以消除疲勞，使人注意力集中、思維快、想像力豐富等，這些都是考出好成績的前提。

臨考前，所有的學生都不可能再把所有的教材完完整整地

第八章　考場福利：掌握考試祕笈，就是狀元擔當

看一遍，所以梳理知識體系是關鍵。我的建議是，學生應該重新拿起教材、課本和課堂筆記，因為考試的主體還是對基礎知識的考核，並不是以難題為主。如果學生平時就有整理知識體系的習慣，將各種類型的題綱做個彙總，考前只需看一下典型的題目以及錯題本就可以了。

上午 9 點到 11 點半，以及下午 3 點到 5 點是精神狀態最好的時刻，這段時間人體的精力最旺盛，記憶力最強，家長應督促孩子在考前好好利用好這段時間來複習，而且這段時間又和考試時間一致，可以保證孩子以充沛的精力去參加考試，在神清氣爽的情況下，答題的效率自然會高，也容易考出好成績。

讓孩子保持高效率的複習和好睡眠，這在考試中極為重要。

出現「考前綜合症」，怎麼辦？

林茵茵（化名）是我班裡的一名品學兼優的學生，以往每次考試都能考入班級前 3 名，可是在六年級下學期時，她的成績忽然下滑了許多，連續數次跌出班級前 20 名。我觀察過，她上課時一如既往的認真，作業也完成得一絲不苟。那麼，是什麼原因讓她每逢考試就失利呢？為此，我特地將她喊到辦公室交流了一番。

林茵茵一見到我，立刻哭了出來，她很無助地說：「老師，

我也不知道為什麼，只要快到考試時，我的記憶力就會莫名其妙地下降，越是想記住的東西，就越記不住，而且還整天心慌意亂，看見誰都想發脾氣。更可怕的是，我什麼都不想吃，晚上也不想睡覺，就算好不容易睡著了，還老是做噩夢。早上起床後，身體疲憊不已，沒有一點精神。考試的時候腦袋渾渾噩噩的，就算碰到以前會做的題目，也會做不出來。老師，我該怎麼辦呀」？

聽完林茵茵的哭訴後，我立刻就確定了，她這是患上了考前綜合症。

所謂考前綜合症，就是在考試前會出現緊張、焦慮、煩躁等不良情緒，身體也會出現疲勞、失眠、頭暈眼花、記憶力下降等症狀，其結果一般表現為精神不易集中，影響考試時的正常發揮。想要治好這種症狀，首先就要知道林茵茵身上有哪些壓力。與她進一步交流後，我才知道，原來林茵茵的父母對她期望很高，希望她能在升學的考試中取得出色的成績，所以一再要求她每次考試必須保證考到前3名，這讓她感到壓力很大。再來，她自己也特別在意考試結果。正是這些期望與在意，誘發了她的考前綜合症。

知道原因後，我對林茵茵對症下藥，一方面開導她，讓她不要過於執著於考試成績，只要平時好好努力學習，考試成績順其自然即可；二來聯絡她的父母，讓他們不要總是在林茵茵的面前提成績，應該多說一些寬慰、鼓勵她的話，並經常帶她

去公園遊玩，緩解一下學習壓力。在之後的幾次測驗中，林茵茵逐漸找回了狀態。

考考考，老師的法寶。學習高手學到最後，終究還是要面臨考試的考驗。所以，考前綜合症已經成為一種司空見慣的現象，但很多事情就是這樣，我們越是在乎，往往就可能做不好。所以，我希望每一個孩子都能正確看待考試，考前千萬不要恐慌，要及時調整心態，這樣才能趕走考前綜合症。

我建議，可以讓孩子從四個方面來調整自我：

一、一定要正視考試

一個學生，如果特別在意考試成績的話，那麼或多或少就會患上考前綜合症。這種症狀越臨近考試時就越明顯，直接影響正常發揮。所以，不要把考試當成人生的分水嶺。每當考試時，孩子該學會不去在意它，不要害怕它，要把它當成一件司空見慣的事情，要相信自己的學習成果。考得好，不驕不躁，考得不好，也不要沮喪氣餒。以這種心態，才能與考前綜合症說再見，通常也能考出好成績。

二、提高自己的抗壓性

產生考前綜合症的原因有三個：一是心理承受能力較差；二是無法正常面臨各式各樣的考試壓力；三是對知識掌握不

牢靠，沒有足夠的信心面對考試。提高抗壓性並不是一朝一夕的，但後兩個原因還是可以在短時間內解決的。在心理上，每次面對考試時孩子該學會自我暗示允許失敗，給心理砌一面牢不可破的高牆。在行動上，要結合自己的學習情況制定提高學習效率和學習成績的計畫，做好充分的考前準備。雙管齊下，孩子才能坦然面對考試，與考前綜合症說再見。

三、合理安排考前時間

很多學生都有「臨時抱佛腳」的習慣，越到考試就越沒日沒夜地複習。這樣不僅考不好，而且還影響身體健康。最好的辦法就是平時多多努力學習，考前按部就班地複習，不能占用休息的時間。另外，為了保證充足的睡眠，考試當天不用太早起床，因為「趕考」會加速心臟跳動，容易出現緊張情緒，進而影響發揮。

四、科學減少考前壓力

考前綜合症會出現的原因是由於面對考試有壓力而產生的，家長可以幫助孩子從多個方面科學減壓。比如飲食減壓法。研究證明，科學化合理的飲食不僅能夠保證身體健康，而且還能減輕對考試的心理壓力，使精神集中。適量的運動也能減少壓力，轉移對考試的注意力。所以在考前，我們不妨帶孩子進行一些爬山、打球、游泳等運動。此外，還有轉移減壓法與睡眠

第八章　考場福利：掌握考試祕笈，就是狀元擔當

減壓法。前者是當壓力過大、精神高度緊張時，可以用轉移注意力的方式放鬆自己，如與同學和家人聊聊天、聽音樂、看電視等等；後者是用睡眠來調整緊張情緒。充足的睡眠能夠保證孩子精力充沛，心情放鬆，如果孩子有難以入睡的狀況，可以藉助聆聽節奏輕緩的音樂、喝熱牛奶、吃帶有芳香味的水果等方式來幫助睡眠。

如果這些方法不能幫助孩子擺脫考前綜合症，那麼家長只能帶孩子去向心理醫生諮商了。在醫生的專業指導下，相信孩子必能順利地通過考試的心理壓力大關。

為何總是答不完，怎樣答題才圓滿

結束了一天的監考，我正準備回家時，突然瞧見我班裡學習最認真、最刻苦的郭雨辰同學（化名）一臉沮喪地坐在樓梯口的臺階上。

「郭雨辰，考試結束了，你怎麼還不回家呢？」我好奇地問。

「老師，我心裡難過，這一次考試，我肯定又考不好了！」郭雨辰哭喪著臉對我說。

「是不是題目又沒有做完？」我篤定地問。

郭雨辰點了點頭。

郭雨辰是一名學習十分認真的學生,在課堂上勇於回答老師提出的問題,不論難易,他都能答對。按理說,他的成績應該很優異,可是每次考試,他的成績在班級裡只能排到中等。我觀察過他的考試試卷,他每次考不好的原因都是題目做不完。不是國文作文寫一半,就是空幾道數學應用題,這裡扣幾分,那裡扣幾分,總分自然就被拉低了。而那些來不及做的題目,其實他都會做。

我先安慰了他一番,並將他送回家,決定明天看看他來不及做題的原因究竟是什麼。

第二天監考時,我特地觀察了一會兒郭雨辰,我發現郭雨辰來不及做題是因為他不懂得變通。每次遇到難的題目,他都硬碰硬的卡在難題上,大有不做出來不罷休的勢頭,等難題做出來後,時間已經過去了大半,剩下的題目已經來不及做了。後來,針對郭雨辰的做題習慣,我專門對他進行了指導。我要求他一道題思考 3 分鐘,如果沒有思路,那麼趕緊做後面的題目。等後面的題目都做完了,再回過頭做空下的題目。如果還是想不出來,那麼就不要再想了,將剩餘的時間用在檢查上。郭雨辰按照我給他的方法去應試,在下一次考試時,成績一下子竄到了前 10 名。

不論是小學,還是國中、高中,考試時的做題速度一直都是大家十分關心的問題。很多學生拿不到高分,有絕大部分不是因為不會做,而是因為來不及做完題目而丟分的。這些題

第八章　考場福利：掌握考試祕笈，就是狀元擔當

目有些是沒有時間做，有些是因為時間緊張而做不完全，有些則是講究速度而做錯的，但歸根結柢還是做題速度過慢所導致的。不僅如此，如果一場考試前面耗費了很長時間，後面會不自覺的緊張，進而影響考試發揮。

在考試中，做題又快又對是學生最想掌握的技能。可是，一旦加快了做題速度，正確率卻會下降，正確率上升，時間又來不及。面對這樣的困境，我先分析一下做題慢的原因，然後再找出解決問題的方法。

做題慢主要有四個原因：

1. 對知識點掌握不牢固，解題思路不熟悉，分析能力不足；
2. 能力不足，這主要表現在寫字速度慢、閱讀速度慢、接收資訊能力慢、計算能力慢等幾個方面；
3. 性格原因，如許多學生性格馬虎、粗心，常常題目還沒審完，就開始做答題目，寫到一半又覺得不對，然後再次審題，來來回回數次，時間無形中流逝了；
4. 做題習慣不好，如有的學生看到一道題目時，解題思路還沒想完整，就先動筆，結果錯了之後又重新思考；也有的遇到難題時緊盯著不放，大有不做出來不看下一題的趨勢。不知不覺中，耗費了大量時間。

我曾經做過統計，一場考試因為時間來不及，至少會丟失10到30分左右。國文除了作文會受時間影響外，時間還是很充

足的。但數學和英文受時間的影響就大了，前者做每一道題都需要消耗時間，只要思考的角度有一丁點兒偏差，那麼就有可能寫不出答案；後者的題目量較多，通常審題速度決定了做題速度。

那麼，有什麼辦法能幫助我們的孩子提高做題速度？我建議從以下幾個方面訓練。

方法一：平時多做題目訓練

眾所周知，練習做題可以提高做題的速度。我建議小學生要選擇簡單和中等難度的題目來訓練做題速度。在訓練孩子做題時，家長們需要注意幾個問題：

首先，孩子每一次訓練時，題目的數量要足夠，連續做題的時間要長，不能簡單做幾道題就結束了。題目最好有一張試卷的量，時間也應該控制在考試時間範圍左右。這樣才能檢查孩子做題速度有沒有變快。

其次，孩子做每一道題都要讓他規劃好時間。剛開始做題時可以稍微慢一些，以訓練解題思路為主。了解完做題思路後，時間要縮短。做模擬試卷時，每一道題目都要縮短規定時間的10％到30％。這樣就會有多餘的時間來思考沒做完的題目，以及檢查試卷。

方法二：加強各種能力訓練

每一個孩子的計算速度、寫字速度、閱讀速度都不相同。速度快的，做題速度就快，速度慢的，做題速度就慢。針對計算能力不足的孩子，我們要訓練其邏輯能力，用大量的計算來訓練速度。訓練的同時，要讓孩子理清楚題目之間的關係，結合計算技巧與經驗。至於寫字速度，可以先找出孩子寫字慢的原因，然後再針對性加強練習。閱讀慢則可以多朗誦一些短篇的文章，之後再閱讀長篇文章，以此來訓練。

方法三：做好諸多細節訓練

細節決定成敗，細節決定做題的速度。每一次考試時，學生都會打草稿。據我觀察，有的學生的草稿打得很規範，而有的則是這裡寫一塊，那裡寫一塊。草稿上寫的是題目的思路，規範的草稿便於學生檢查題目的思路是否正確。所以，平常做題時，一定要讓孩子養成規範草稿的好習慣。審視題目時，每一個字都要細細斟酌，因為往往一字之差，答案卻是南轅北轍。當然，考試前還應該注意解決生理問題、準備好文具等。

審題有訣竅，我不說你不知道

期末考試成績出來後，我的學生林樂（化名）手裡拿著試卷，一臉苦惱地問我：「老師，你說我是不是很笨？為什麼每次數學考試，我都考不及格呢」？

「你一點也不笨。」我認真地回答。每一個老師的心中都沒有笨學生。

「老師，你不用安慰我了，我知道，我就是很笨。」林樂嘆了口氣。

我拿過林樂手中的試卷，仔細看了一下他的扣分題，然後說：「你真的不笨，老師可以證明給你看。」於是，我將林樂做錯的數學題重新抄錄出來，一共有 15 道。然後，我讓他重新做一遍。林樂做得很認真，半個小時不到，題目就做完了。這 15 道題目，他一共做對了 3 道，做錯了 12 道。之後，我又讓他重新做做錯的 12 道題，結果他又做對了 4 道。就這樣循環往復了幾次，15 道題目，真正不會做的只有 2 道。

最後，我問林樂：「這下你知道考不及格的原因了吧？」

林樂豁然開朗，大聲地回答我：「老師，我知道了，是因為我審題不認真。」每一次考試結束，我都會分析一下學生題目做錯的原因，不會做是小原因，而大原因則是沒有認真審題。例如，有的學生因審題不認真，導致作文寫偏題；有的學生看錯

第八章　考場福利：掌握考試祕笈，就是狀元擔當

題目上的數字，之後一系列的計算都注定是錯的；有的學生將單字的意思張冠李戴。

考試是檢查學習效果的一種方式，展現自我水準與能力的首要條件就是審題，而良好的審題習慣是做對題目的前提。

那麼，學生如何才能做到審題認真呢？我彙整為眼到、口到、手到和腦到。

「眼到」，即專注地看題。審題的大忌是什麼？就是看錯、看漏、看不全題目中的資訊，只要一個資訊錯誤，那麼就會解答錯誤。所以，當一道題擺在眼前時，首先要仔細全面地看題目，尤其是留心題目中的關鍵資訊，如字、詞、句、數字、字母、圖表等。然後再從這些資訊中分析出有用的、已知和未知的條件。在專注看題的同時，也要思考解題思路。這樣才能提高做對題目的機率。

「口到」，即認真地讀題。一邊看題，一邊讀題，可以強化審題。讀題能夠更全面地接受題目中的資訊，也能幫助學生們解決看錯或漏看題中資訊等問題。我觀察過許多成績優秀的學生，當他們做一道題目時，總會一邊看，一邊默讀題目，逐字逐句反覆鑽研，十分認真。讀題能夠尋找解題靈感，開拓解題思路。這樣的審題方式可以加快學生的解題速度，也可以提高他們解答的正確率。

「手到」，即勤快地用手畫。這是一種有效的審題方法，尤其是對數學而言。當審閱一道數學題目時，學生可以一邊看，

一邊在紙上列出題中的資訊，進而理清楚資訊之間的關係，找出解題思路。

「腦到」，即敏捷地思考。當一道題目經過「眼到」、「口到」和「手到」之後，題中的資訊會儲存在腦海中。這時候學生要全面調動腦筋，準確快捷地分析出解題思路和方法。

審題的重點應主要集中在以下三類題目上：

1. 感覺特別容易的題目。這種題目往往看起來簡單，容易讓人掉以輕心，但往往簡單的題目中會隱藏「小陷阱」，稍不注意就會掉進去。

2. 似曾相識的題目。這種題目往往會被一廂情願地認為「以前做過」，因而就很容易受到僵化思維的影響而出現失誤。

3. 沒有掌握的題目。遇到這種題目時，不要心灰意冷，或直接放棄，不妨多審讀幾遍，把重點的字、詞點出來，要明確題目的意思；一道題到底有幾個要求，每個要求的具體內容是什麼，將它劃分為幾個子問題，一步一步地有序完成，以免好不容易花了大把時間做出來的題目因為某些細節而丟分。

總而言之，審題是一道很重要的環節，不論是考試，還是平常的測驗練習，都需要掌握審題的技巧，養成良好的審題習慣。

第八章　考場福利：掌握考試祕笈，就是狀元擔當

答題有先後，一步一步走

小康是我班裡的一個「奇葩」學生，他的奇葩點在於，每一次考試，他都能把難題做對，而那些簡單的題目反而成了他的扣分點，這導致他的學習成績一直不能提升。

這一次的期末考試，小康依舊沒有考好。想到快要升學了，我便把他喊到辦公室，嚴肅地對他說：「小康，做題目一定要細心，千萬不能馬虎。你看看，這個題目明明說選出兩項正確的答案，你怎麼就選擇了一項呢」？

小康一臉通紅，小聲地否認：「老師，我沒有馬虎」。

這個回答倒讓我好奇了，我皺著眉問：「既然不是馬虎，那你為什麼會將簡單的題目做錯呢」？

小康苦惱地說：「老師，每一次考試我都習慣先做難題，然後再做簡單的題目。可是每次把難題一做完，時間就過去了一大半，有許多簡單的題目都來不及做。我看考試快要結束了，有些題目都沒看，就匆匆忙忙地寫一個答案」。

小康的回答讓我意識到，學生們做錯題目並不完全是因為馬虎，還有可能是不良的答題習慣。為了驗證我的猜測，我給班裡的學生發了一份調查問卷。問卷題目是：每次考試時，你的答題流程是什麼？

每個學生的答案都不同，有的喜歡先做大題，然後再做小

題；有的則會先做小題，之後做大題；還有的會先做簡單的題目，然後再做難題；也有先挑戰難題，最後再做簡單題目的。但絕大多數學生還是按照從前往後的方式答題。

這麼多五花八門的考試習慣，究竟哪一種才是最有效率的呢？看來不少學生對此不是很了解，做題時很盲目，為此我根據多年的教學經驗和無數學生考試時的回饋，整理出了一套高效率的、科學的考試流程。

一、瀏覽全卷，了解題目情況

每一次考試時，老師都會提前幾分鐘發試卷，這個時間可不是給學生做題目的，而是給學生看試卷的。既然是看試卷，那該看哪些資訊呢？首先要看的是試卷的頁數、試卷是否有重複、卷面列印的字跡是否乾淨或有沒有缺失等情況，如果有問題，要立即要求老師更換。然後再看看試卷有多少題目，每一題的分數是多少；這些題目分為哪幾個部分，哪些題目是自己熟悉的；每一個題目是屬於哪種類型，難易程度如何。透過對試卷情況的整體掌握，就可以安排每道題的答題時間。這可以避免會做的沒有做，不會做的卻浪費了時間的情況發生。

二、先易後難，先熟後生

了解試卷的難易、生熟和分數占比後，讓大腦進入思考狀態。一聽到鈴聲，學生要先填寫自己的資料，然後再開始答

第八章　考場福利：掌握考試祕笈，就是狀元擔當

卷。答卷安排要遵從「先易後難，先熟後生」。

通常來說，試卷上的每一個部分的題目都是按照由易到難設定的。比如數學當中的填空題，前面幾道是簡單的，中間幾道是難度適中的，後面幾題才是比較難的。學生要先做簡單的，然後再做複雜的。當然，同一個題目，有可能對別人來說很簡單，但對自己來說很困難，這個時候可以先跳過，去做後面的題目，說不定後面的題目對自己來說是簡單的。因此，學生不要太拘泥於前後順序，要先做自己會做的。等簡單的題目答完後，再集中精神解決難題。

如果將一張試卷的題目分為兩種，那麼可以分為熟悉的和生疏的。通常應該先做熟悉的題目，然後再做生疏的題目。如果遇到的題目很難，先不要放棄，要從各個角度去思考，把生疏的題目變成熟悉的題目。

三、慢審題，快做題，每分必奪

我常常看到學生做選擇題時不讀清題目，經常將「選擇錯誤的一項」看成「選擇正確的一項」，結果自然是丟分。所以，學生審題一定要慢，要細心，找出題目中的關鍵資訊，然後再快速解題。解題步驟要簡明扼要，不拖泥帶水，寫出得分點即可。一道題目，即便答案沒有寫完，但其中有得分點，老師也會給分的。

比如國文閱讀題，要求寫出作者抒發的情感，只要學生答到了一點，閱卷老師也會適當給予分數的。再比如數學應用題，只

要有步驟正確,也能拿到相應的分數。對於會做的題目,學生該全力以赴,要寫完整,千萬不能丟了重要的步驟。對於寫不出最後答案的題目,也要將會寫的步驟寫出來。這樣可以在最大程度上得分。

四、答題完畢後認真檢查

解開一道題需要思考很多步驟,只要有一步走錯,答案就會出錯。所以,當時間寬裕時,要認真檢查,不輕易提前交卷。檢查時,首先從審題開始,因為如果題目看錯了,過程再正確,也是答非所問。在檢查中如果發現了錯誤,要沉著冷靜地修改,首先將錯誤答案明確劃掉,然後將正確的答案工整地寫在原處的旁邊。但要注意對掌握度不高的答案不要隨意改動,主要修改計算錯誤和審題錯誤。

不論做什麼事,都要有步驟地去進行,考試也有步驟可循。按照高效率的考試流程去考試,相信每個學生都能考出一個比以往要好的成績,加油。

別讓「馬虎」,拉低了分數

每次考試一結束,許多學生都會後悔莫及。我常常聽他們說,並不是題目不會做,而是「沒看清楚題目」、「計算錯誤」、

第八章　考場福利：掌握考試祕笈，就是狀元擔當

「答案填錯了」，或是「少寫了一個字母」、「標錯了一個小數點」等等。這裡少一分，那裡少一分，不知不覺分數就下降了。就像我的學生小瓊，她頭腦聰明，思維活躍，但就是考試考不好。

最近的一次考試，小瓊的數學居然沒有考及格，而她的扣分點全都在計算題上。明明計算題裡的數字是 9，她硬是看成了 6，或是在草稿紙上算對了答案，但謄到試卷上時，答案卻寫錯。這樣層出不窮的出錯方式，讓她的分數被一點點扣走，考不好也在情理之中。顯而易見，害小瓊丟分的罪魁禍首就是「馬虎」。

「馬虎」就像是一個吸血鬼，它能夠吸走許多本該得到的分數。考試中，最常見的馬虎有：漏看條件、計算錯誤、看錯題目、推導錯誤、做不下去……等等。為了避免發生這些低級錯誤，我們需要找出製造馬虎的罪魁禍首，並且對症下藥。為此，我將這些情況做了系統的分類，並且整理如下：

漏看條件和看錯題目，其實都歸因於審題錯誤。原因是一邊讀題一邊加入了自己的主觀判斷。審題結束後，腦中的資訊已經不再是出題者給出的資訊了。舉個例子，很多學生有這樣的感受，當審視一道數學題時，忽然覺得題型與自己以前做過的題目很像，想著想著，考題上的條件就會被當成自己以前做過題目的條件。條件都不對，解題肯定就做錯了。為了避免審題中存在的馬虎，一定要集中精神，將題目看完後，再思考怎麼做。寫完後，再對照一下題目中給出的條件與自己寫的項目

是否一致。

考試中,因為計算錯誤而扣分的題目不在少數,這源於膨脹的自信。通常來說,當孩子遇到自己會做的題目時,潛意識會放鬆警惕,只想快速做完後進入下一題。在追求速度和心不在焉的配合下,「馬虎」就乘虛而入了。想要解決計算問題可以從兩個方面入手:首先,養成做題打草稿的習慣,這樣能及時檢視究竟是哪一步導致計算錯誤的。其次,考試時不提倡盲目地心算,最好用筆算。平時,家長可以用題目來訓練孩子的計算能力。

平常的測驗,如果步驟沒有寫全,答案卻正確,老師很有可能不會扣分。但在正規的考試中,老師是按步驟給分的,少一個步驟就會少幾分。可見,平時的陋習在大考中會成為扣分點。當然,這種馬虎下的錯誤很容易糾正,只要改變孩子的做題習慣就好,正如前面章節所說,我們不妨讓孩子把平時的作業就當作一次考試。

還有一種「題目做不下去」的馬虎。有些學生當拿到一道題目時,前面寫起來很順手,可是越到後面就越難寫,最後無從下筆,選擇放棄。其實,很多題目只要重新理一下思路,答案就能呼之欲出。因為不堅持而扣分,似乎有些得不償失了。而這種馬虎是缺乏自信造成的,越不做,就越覺得自己不會做。所以,提高自信是解決這種馬虎的最佳方法,要積極地去尋找解題方法。

第八章　考場福利：掌握考試祕笈，就是狀元擔當

馬虎並不是防範不了的，細心是制伏它的最佳手段。如果不讓「馬虎」搶走應得的分數，那麼孩子們的成績肯定會升一個臺階。

卷面不整潔，丟分多可惜！

這次期末考試來臨前，兒子向我提出一個要求，就是這次考試，他如果能考入全校前 3 名的話，希望我帶他出去旅遊一次。對此，我欣然同意，也很相信兒子有這個實力。

在考試前的一段時間，兒子每天都認真複習，遇到難題時，也會過來請教我。本以為這次考全校前 3 名是水到渠成的事，哪想到卻出了意外。沒錯，這次兒子考了全校第 5 名。雖然他的分數與第 3 名的分數僅僅只有 3 分之差。

兒子的心情很不好，回到家後沮喪地對我說：「媽媽，對不起，我盡力了。」我看了一下兒子的試卷，只要是該做對的題目，他都做對了。唯一讓我不滿意的是他的國文試卷。我沉默了一會兒，搖頭對他說：「你並沒有盡力」。

見兒子一臉的不解，我將他的國文試卷拿到了他的面前，指著試卷上的一行字鄭重地說：「你看看這裡寫著什麼？」

兒子讀了一遍：「卷面整潔分 5 分。」

「如果你將字寫得工整點，卷面整潔點，那麼5分就得到了。這個5分可以讓你輕而易舉考進全校前3名。如果你下次正常發揮，再加上卷面整潔分，考全校第一也不是沒可能的。」我鼓勵地說。

兒子聽後恍然大悟，也明白了，這個卷面整潔分其實就是送給學生的。5分雖然不多，但這卻是不用動腦筋就能拿到的分數。

從那以後，兒子答卷時都工工整整地書寫，每一次都拿到卷面分，而且他還發現，他的作文比以前多了好幾分，這完全是字跡工整的功勞。

我記得上學時期，每一次考試之前，老師都會千叮嚀萬囑咐，要我們一定要保持卷面整潔。現在，我也成為一名老師，每次考試之前，我也會叮囑我的學生注意卷面整潔。為什麼我們都要強調卷面的整潔呢？這和分數有關係嗎？在這裡，我從一個老師的角度出發，來告訴大家卷面整潔的重要性。

整潔的卷面代表著學生對考試的態度。當一個老師看到答題卷上字跡工整，卷面乾淨，先不管題目做得對不對，反正他的心裡已經有這樣一個感覺：這是個認真對待考試的學生。有了良好的印象，老師也會很用心地批改試卷，甚至有時還會在錯題旁邊點出出錯的步驟。老師閱卷認真，也就不會出現老師多扣分、改錯、漏改等問題了。

卷面整潔可以加分。這裡的加分分為兩項：一是卷面分，

第八章　考場福利：掌握考試祕笈，就是狀元擔當

二是給題目加分。通常我們在做國文試卷時，試卷上都會標有 5 分的卷面整潔分。能否拿到卷面分，就看試卷是否乾淨整潔。

至於給題目加分，在作文上最能體現。國文分數最高的就是作文，一個閱卷老師一天需要閱讀好多篇作文，而字跡潦草、塗塗改改的卷子會讓老師產生不好的印象，進而忽略作文寫得如何。相反，字跡整潔、卷面整潔的卷子會給老師好印象，讓老師能夠心情愉悅地閱讀，作文寫得好，老師就會給高分，作文寫得不好，老師也會給點安慰分。

俗話說「卷面是人的一張臉」，誰都希望自己的臉乾乾淨淨、漂漂亮亮的，試卷也不例外。那麼，怎樣才能保持卷面整潔？我認為，有幾點需要注意：

一、卷面書寫要規範，排列要整齊，字跡清晰，且每個字的大小與距離要統一。

二、審清題意再動筆，做題力求一氣呵成。如果發現題目做錯，千萬不要反覆塗抹，要按照常規的辦法改寫。比如刪掉一個字或一個句子時，要在字句上畫兩道橫槓。刪除內容較多的話，將整段刪除的內容圈起來，然後在一邊規範書寫。

三、防止墨跡或汗跡汙染卷面。夏天的時候，墨跡乾得快，汗水出得多。冬季的時候，墨跡乾得慢，汗水幾乎沒有。但不管怎麼樣，這些外在的因素，稍微不注意就會汙染到卷面。所以在考試時，注意別讓你的答題用筆產生漏水暈開的現象。同時準備好紙巾，防止因天氣炎熱、緊張等引發汗水滴在卷面上。

技巧性答題，考出好成績

最近，國文老師向我反映了趙小涵（化名）的學習情況，很有啟發性：

在最近的幾次國文測驗中，趙小涵考得都很不理想，這導致她每天都垂頭喪氣的，不僅上課變得很不積極，而且作業也拖拖拉拉地完成。國文老師意識到，這樣下去可不行。所以在下課後，國文老師找來趙小涵詢問，趙小涵煩惱地說：「老師，我以前都認認真真地學習國文，但還是考不好。既然每次都考不好，我還那麼認真幹嘛，這不是浪費時間和精力嗎？所以，還不如把學習國文的時間都放在英文和數學上」。

這孩子對國文產生了拒學的情緒，國文老師意識到，如果不及時處理，這對趙小涵的影響會越來越大，於是，讓趙小涵把最近幾次考試的國文試卷拿來看看。國文老師仔細分析了一下，發現趙小涵的分數都丟在閱讀題上。丟分原因有兩點：一是找不到文章的主旨和中心思想，分析不出文章的段落和大意；二是對文章中精彩的語句賞析得不到位。但歸根究柢，還是沒有很好地理解文章。

趙小涵的理解能力挺好的，可是怎麼就做不好閱讀題呢？國文老師猜測，很大一部分原因是與做題方式有關。為此，她讓趙小涵當著自己的面在規定時間內做一篇閱讀題。結果發

現，趙小涵都是先讀文章，然後再去做題目。可是，當她做題目時，又回過頭再去讀文章。這樣反反覆覆地閱讀，不僅使人的腦袋越來越混亂，而且還浪費時間。果然，趙小涵看時間來不及了，不得不糊里糊塗的快速寫上答案。

國文老師檢查了這些答案，發現趙小涵不是回答得不對，就是回答得不到位。以這樣的方式去做閱讀題，能拿到分數才怪。後來，國文老師讓趙小涵重新做一篇閱讀題。這一次，老師讓她先審題，然後再去閱讀，並讓她在閱讀時畫出與題目相關的語句。結果是，趙小涵快速地答完了題目，並且回答得大致正確。

透過趙小涵的這段經歷，大家能領悟到什麼心得呢？

我認為，考試考的不僅僅是學生學習得如何，也考學生的心態和答題的技巧。扎實的基礎知識和良好的考試心態並不是一朝一夕就能掌握的，它需要堅持不懈地學習和鍛鍊。不過，答題技巧卻可以「臨時抱佛腳」。如果我們的學生能夠掌握一些答題技巧，那麼極有可能得到原本不一定拿得到的高分。

在小學階段，學生主要學習國、數、英三門學科。我先來說國文方面，國文中考試的面向有注音、拼音寫詞、選擇正確讀音、辨字組詞、造句、古詩詞填空等基礎知識的題目，這些沒有捷徑可走，想要答對，只能透過日積月累的功夫去完成，但是做閱讀題和作文是有技巧可言的。

我建議，在做閱讀題時，學生需要抓住三點：

一、梳理文章的知識點

　　首先要看閱讀題後面要求回答的問題，然後再閱讀文章。看文章時，不能將文章的題目、作者介紹、文後給出的注釋等內容遺忘。因為有時候會提問文章抒發了作者什麼樣的感情。一個作者一個寫作風格，從文章中找不出答案，可以從作者和題目中去找，而且有時候文章的題目就能詮釋全文的主旨。

　　不同題材的文章，梳理的知識點也不同。比如記敘文，它需要抓住語言的生動性、敘事要素和敘事線索；說明文要抓事物的特徵、說明方法和順序，以及語言的準確性；議論文要抓論點、論據、論證和語言的嚴謹性；小說則要抓描寫人物的特點、環境與情節；至於詩歌，無外乎考核意向、語言和作者情感。這些需要抓住的知識點十之八九就是考題的內容。等梳理好這些知識點，回答問題就容易多了。

二、劃出答題範圍

　　當閱讀題的文章篇幅很長時，這時候要採用精讀的方法，一字一句去推敲。當然，不管是什麼樣的文章，都要先看題後的問題，看看問題涉及文章中的哪一段、哪一句。然後在閱讀時，劃出與題目相關的內容。這樣答題時，就不必來來回回地找，不僅能節省時間，而且還能縮小答題區域。

第八章　考場福利：掌握考試祕笈，就是狀元擔當

三、從文章中找答案

　　閱讀題的答案無外乎在文中，所以從文中找出來的答案準確率才高。答題時，最好要利用文中的詞句，如果句子太長，那就濃縮或歸納。

　　作文是國文試卷中分數最多的一部分，寫好作文需要有大量的閱讀和對各種知識的累積。當然，在臨考前，學生不妨閱讀一些不同題材的優秀作文，如果考試遇到相同題材的，那就模仿優秀作文去寫。

　　小學數學考核的是學生們的邏輯思維能力，大致的題型有填空題、是非題、選擇題、計算題、應用題等等。這些題目可以用直接法、篩選法、排除法、驗證法、影像法等去解答。直接法是直接從題目的條件出發，透過計算、畫圖、帶入等方法來驗證，然後得到正確答案。篩選法和排除法適用於回答選擇題，兩者都是透過篩選，刪除一些不合題意、輕易判斷的選項，縮小選擇的範圍，然後再從剩餘的選項中選擇正確答案。驗證法一般在填空題、判斷題、應用題當中用得多，透過對試題的觀察、分析、解答，得到每一個步驟的答案後，再逐個帶入驗證，既能看答案是否正確，又能檢查一遍答案。影像法適用於各個題型，有時候字面意思讓人難以理解，將其轉化成影像後，能讓人瞬間恍然大悟。

　　小學英文考試分為兩部分：聽力部分和筆試部分。其中筆

試部分包括寫單字詞義、選擇題、連詞成句、情景交際、翻譯、閱讀等題型。英文與國文同屬於語言類的學科，絕大部分的知識需要日積月累，需要多聽、多看、多背、多記。英文閱讀的答案幾乎都在文章中，即使有時候不明白單字的意思，也可以選擇或填寫文章中的英文單字。

這些答題技巧也許直接幫助學生們得到的分數並不多，但可以避免一些不必要的失分，當然最關鍵的還是平時得按部就班地學習，這樣得到的分數才是硬分數。

結論與反省，快速長知識

劉夢和徐然（均為化名）都是我的學生，從一年級到五年級，兩人都坐在一起，每次考試也都是他們輪著考第一、第二的名次。可是上了六年級後，劉夢就一直考第一，從來沒有跌下過王座。倒是徐然，有好幾次跌出第二名，最差的一次考了第十名。劉夢的成績為什麼那麼穩？徐然又怎麼會被其他人超越？在一次放學後，我知道了答案。

那天，學校放學比較早，我去班級檢查，看看有沒有關好門窗。在門口時，正好聽到徐然問劉夢：「劉夢，你為什麼總是能考第一？有什麼祕笈嗎？」

「哈哈，當然有祕笈。」劉夢說得一臉高深莫測，然後拿出

第八章　考場福利：掌握考試祕笈，就是狀元擔當

了一個小本子遞給了徐然。

「考試檢討與反省。」徐然看著小本子，一個字一個字地念道。

「沒錯，每次考試結束後，我都會認真檢討，然後針對自己的不足做出調整和安排。你沒有這樣的習慣，不能及時找出自己的不足，自然會被別人超越！」劉夢真誠地說。

俗話說「吃一塹，長一智」，每一次的考試都有成敗與得失，每一次考試都會有成功的經驗與失敗的教訓。考試是對學生一個階段或一個學期學習情況的檢測，透過考試，學生能了解哪些知識點是自己沒有掌握清楚的，也能發現每一個階段學習中存在的問題。檢討與反省，不僅能及時地查缺補漏，也能為以後的考試和學習累積成功的經驗。可以說，每一次考試對於我們每一位學生來說都是一筆寶貴的財富。

所以，每次考試結束後，我都建議學生認真地檢討與反省。當然，有些學生會認真地執行，有些則會將我的話當成耳旁風。考完試後，我經常看到很多學生只關心分數，你得多少分？我得多少分？當然這未嘗不是一件好事，畢竟有比較才會有促進、才會有進步，但認真地做好考試的檢討與反省才是最關鍵的。

那麼每一次考試後，學生需要檢討與反省什麼呢？我認為以下幾點非常有必要。

一、彙整考試技巧，反省考試心態

在考試結束後，先不要想考試成績如何，應該要先檢討一下考試技巧和考試心態。可以檢討的考試技巧有：試卷上的題目數量多不多，準時做完了嗎？沒有做完是什麼原因，下次該如何保證能做完；是否全面了解試卷後再開始解答；遇到難題是怎麼處理的；能否得到經驗與教訓；考試時做題順序是怎樣安排的，是否有效；考試時如果注意力不集中，自己是如何調節的，下次考試還能不能再這樣調節等等。

至於心態，要回憶一下當時在考場中自己有沒有緊張或害怕；遇到會做的題目有沒有急於求成；遇到不會做的題目是否輕易就放棄了；考試時是否想著成績或其他事情，而導致心不在焉等等。學生透過檢討考試技巧和反省考試心態，能使自己下次在考場上更好地發揮。

二、正確對待考試，反省學習態度

每一次考試都有成功和失敗，成功固然高興，可是失敗也不要氣餒。因為考試只是檢驗學習效果的一種方法，它最大的目的是對以前學習的知識查缺補漏。因此，每一名學生都該正確面對考試，不要因為分數而驕傲或沮喪，在反省學習態度時，要想一想前個階段裡自己學習的態度怎麼樣，上課有沒有認真聽講，課下有沒有及時複習，有哪些天的學習不在狀態……等等。根據不足來調整、糾正下一階段學習的心態。

第八章　考場福利：掌握考試祕笈，就是狀元擔當

三、分析各科成績，找出強弱學科，整理薄弱知識點

　　小學的主科是學習國、英、數三門課，考試成績一出來，就能知道哪一門學科學得好，哪一門學科學得不好。學生應該主動認清楚自己的優勢和劣勢，以便能及時分配和調整下一階段在每一門學科上的時間，改進前一個階段學習的方法。

四、調整學習目標，制定學習計畫

　　每一次考試之前，學生都該給自己訂下一個目標。這樣就會知道自己在這個階段的學習中究竟是進步了，還是退步了。沒有目標就會盲目，學習就沒有積極性。所以在考試結束後，每一名學生調整學習目標是必不可少的。針對上一個階段的學習，學習計畫也應該做相應的調整，具體要根據各學科的學習情況落實。

　　無論考試中的成績如何，提高成績才是真正的目的。所以，考後檢討與反省的意義一點也不低於考試本身。只要學生們平時刻苦努力，細心考試，做好考後檢討和反省，找出失敗與不足，再經過刻苦的學習，那麼我相信，失誤會越來越少，分數會越來越高，也一定會實現一個又一個的學習目標！

結論與反省，快速長知識

國家圖書館出版品預行編目資料

後天學霸！並無天賦差距，只有方法不同：從記憶力到學習方法，課堂內外的 50 種實用技巧，孩子輕鬆掌握高效學習法 / 董苓苓 著. -- 第一版. -- 臺北市：財經錢線文化事業有限公司, 2024.12
面；　公分
POD 版
ISBN 978-626-408-112-2(平裝)
1.CST: 學習方法 2.CST: 家庭教育 3.CST: 親職教育
521.1　　113018682

電子書購買

爽讀 APP

臉書

後天學霸！並無天賦差距，只有方法不同：從記憶力到學習方法，課堂內外的 50 種實用技巧，孩子輕鬆掌握高效學習法

作　　　者：董苓苓
責任編輯：高惠娟
發　行　人：黃振庭
出　版　者：財經錢線文化事業有限公司
發　行　者：崧燁文化事業有限公司
E-mail：sonbookservice@gmail.com
粉　絲　頁：https://www.facebook.com/sonbookss/
網　　　址：https://sonbook.net/
地　　　址：台北市中正區重慶南路一段 61 號 8 樓
8F., No.61, Sec. 1, Chongqing S. Rd., Zhongzheng Dist., Taipei City 100, Taiwan
電　　　話：(02) 2370-3310　　傳　　　真：(02) 2388-1990
印　　　刷：京峯數位服務有限公司
律師顧問：廣華律師事務所 張珮琦律師

-版權聲明

本書版權為樂律文化所有授權財經錢線文化事業有限公司獨家發行電子書及紙本書。
若有其他相關權利及授權需求請與本公司聯繫。
未經書面許可，不可複製、發行。

定　　　價：375 元
發行日期：2024 年 12 月第一版
◎本書以 POD 印製
Design Assets from Freepik.com